应用语言学视域下
高校英语混合教学实践探究

何湘君 ◎ 著

吉林出版集团股份有限公司

图书在版编目（CIP）数据

应用语言学视域下高校英语混合教学实践探究 / 何湘君著． — 长春：吉林出版集团股份有限公司，2022.9

ISBN 978-7-5731-2335-0

Ⅰ．①应… Ⅱ．①何… Ⅲ．①英语－教学研究－高等学校 Ⅳ．①H319.3

中国版本图书馆 CIP 数据核字（2022）第 179393 号

应用语言学视域下高校英语混合教学实践探究
_____

著　　者	何湘君
责任编辑	滕　林
封面设计	林　吉
开　　本	787mm×1092mm　　1/16
字　　数	270 千
印　　张	12.25
版　　次	2022 年 9 月第 1 版
印　　次	2022 年 9 月第 1 次印刷
出版发行	吉林出版集团股份有限公司
电　　话	总编办：010-63109269
	发行部：010-63109269
印　　刷	廊坊市广阳区九洲印刷厂

ISBN 978-7-5731-2335-0　　　　　　　　　　定价：68.00 元

版权所有　侵权必究

前 言

　　语言是人们在日常生活中进行沟通和交流的重要媒介,一直受到相关学者的关注。经过长期的研究,语言形成了一门系统的学科并拥有了完整的理论体系,即语言学。学者们在研究语言学的过程中产生了两个主要的研究方向:一是完善语言学理论体系的内容,二是探索语言学应用方面的价值。而第二个方向促进了一门新学科的产生,即应用语言学。

　　由此可见,英语作为我国第二语言教学中的重要课程,同样会受到应用语言学理论的影响。本书希望能为我国英语教学的深入发展提供相关理论依据,从而培养出更加适合社会发展的实用型英语人才。

　　同时,以计算机网络为核心的现代信息技术进入大学英语教学实践后,传统的大学英语教学模式发生了许多变化,也给英语教学工作带来了困惑与挑战。信息技术的快速发展正深刻改变着人们的工作与生活。移动工具的广泛应用使移动学习、碎片化学习等新的学习方式所占比例增加,混合式教学正成为契合社会发展和人才培养需要、促进教育研究与实践向深层次推进的切入点。本书对大学英语教学、移动学习研究等问题进行了相关概念的界定与综述分析,并基于此提出了本书的主要研究方向,即整合移动工具的混合式大学英语教学设计。移动工具作为教学的主要媒介,成了连接课上集体讲解与课下独立学习、课上评价展示与课下自主探究的桥梁。课堂的时间得到充分利用,更多的教学活动和教学评价得以开展,教师的辅助与影响也得以超越课堂的限制而贯穿于每一个教学环节之中。

　　由于本人水平有限,时间仓促,书中不足之处在所难免,恳请各位读者、专家批评指正。

目录

第一章 应用语言学研究 1
　　第一节 语言应用研究的重要性 1
　　第二节 应用语言学的性质 2
　　第三节 应用语言学的发展历程 5
　　第四节 国内外关于应用语言学的研究 7

第二章 应用语言学的基本理论与核心领域 17
　　第一节 应用语言学的基本理论 17
　　第二节 应用语言学的核心领域 26

第三章 应用语言学与语言教学的整合 36
　　第一节 语言教学的内涵 36
　　第二节 对学习者的关注 37
　　第三节 应用语言学与语言教学整合的意义 51

第四章 应用语言学视域下的当代英语词汇教学新探 53
　　第一节 词汇的性质与英语核心词汇 53
　　第二节 当代英语词汇教学的现状与原则 57
　　第三节 应用语言学视域下英语词汇教学的创新方法 62

第五章 应用语言学视域下的当代英语语法教学新探 69
　　第一节 语法的性质与语法体系 69
　　第二节 当代英语语法教学的现状与原则 71
　　第三节 应用语言学视域下英语语法教学的创新方法 77

第六章　应用语言学视域下的当代英语听力教学新探 84
第一节　听力的性质与特点 84
第二节　当代英语听力教学的现状与原则 87
第三节　应用语言学视域下英语听力教学的创新方法 91

第七章　应用语言学视域下的当代英语口语教学新探 100
第一节　说的性质与说的心理机制 100
第二节　当代英语口语教学的现状与原则 102
第三节　应用语言学视域下英语口语教学的创新方法 107

第八章　应用语言学视域下的当代英语阅读教学新探 116
第一节　阅读的性质与阅读模式 116
第二节　当代英语阅读教学的现状与原则 121
第三节　应用语言学视域下英语阅读教学的创新方法 126

第九章　应用语言学视域下的当代英语写作教学新探 133
第一节　写作的性质与写作的心理机制 133
第二节　当代英语写作教学的现状与原则 138
第三节　应用语言学视域下英语写作教学的创新方法 144

第十章　应用语言学视域下英语文化导入教学新探 152
第一节　文化及其与语言的关系 152
第二节　英语文化导入教学的重要性与原则 157
第三节　应用语言学视域下英语文化导入教学的创新方法 162

第十一章　混合式学习的相关理论概述 167
第一节　混合式学习概述 167
第二节　混合式学习理论基础 170
第三节　翻转课堂概述 172
第四节　基于信息技术的高校英语教学相关理论基础 173

第十二章 混合式高校英语课程教学模式的研究 ... 177
第一节 混合式教改模式的构建 ... 177
第二节 交互式网络教学平台的应用 ... 177
第三节 高校英语教学学情分析 ... 179

参考文献 ... 185

第一章　应用语言学研究

应用语言学学科研究范围广泛，带有一定的实验性、科学性、独立性与导向性，其侧重于人类对语言的运用，具有极高的指导意义。

第一节　语言应用研究的重要性

语言是人类最重要的交际工具。在语言的作用下人类得以沟通，社会得以不断进步。在语言出现后，人类对语言的研究备受关注。由于语言涉及的方面很多，因此不同时代、不同民族、不同交际目的、不同观察角度下的语言研究也大不相同，从而形成了不同的语言学科。应用语言学就是从语言应用的角度进行研究的语言学科。

对语言应用的研究需要结合语言理论与具体的语言使用情况进行。语言最大的特性就是其工具性，语言研究也应该研究这种特性，从而更好地为人类交际服务。

人类语言最初是通过口头交流的，随着文字的产生，书面语言应运而生，从而扩大了语言的使用范围，满足了人类不同语境下的表达需求。在科技的作用下，语言还能够以语音的形式得以保留。如今，随着计算机科学技术的快速发展，语言的发展也进入了一个崭新的阶段。网络语言的出现为语言使用注入了新的活力。

从上面的总结可以看出，随着时代的发展，语言的应用范围也在不断变化。语言范围的扩大，提升了语言的交际功能，相应的人类进行语言研究的切入点也变得更加丰富。

当代科学技术的发展，对于语言研究也提出了新的要求。信息化社会的到来使得人类利用电子计算机等工具对语言的处理更加便捷，从而建立了现代语言信息系统，使语言文字得到最佳利用，更加有效地为人类的交际服务。语言研究也应该正视时代发展对语言应用的影响，从而推进语言研究的进程。

除此之外，社会一体化进程更加需要对语言的应用展开分析。众所周知，语言是在一定的语言使用规则的指导下使用的，带有一定的规范性和标准性。但是，人类是如何制定语言标准的？什么样的语言标准是可行的？这些问题都需要语言学家进行研究与分析，从而使语言在规范化的前提下更加符合其发展规律，更加便于人们之间的沟通与交流。

将应用语言学作为一门独立的学科进行研究的时间并不长。随着社会与时代的发展，对应用语言学的研究成了提升人类交际有效性的重要途径，需要引起相关研究者的重视。

第二节 应用语言学的性质

我国语言学界对于应用语言学的性质主要有以下两种观点。

持第一种观点的说法主要有以下几个：

1988年，语言学家桂诗春曾在其作品《应用语言学》中提高："应该将应用语言学放到系统工程的高度去研究，这是应用语言学最基本的性质"。并首次提出了应用语言学的四个特征，即：独立性、综合性、应用性和实验性。

1999年，语言学家冯志伟曾在其著作《应用语言学综论》中指出："应用语言学作为一门统一的语言学科，无论是广义的应用语言学还是狭义的应用语言学都具有许多共同的性质"。并在桂诗春的基础上指出，应用语言学的四个基本特征是其区别于描写语言学和理论语言学的四个重要特征，所以在研究应用语言学时，应特别注意它们。

在齐沪扬、陈昌来主编的《应用语言学纲要》中也明确指出应用语言学的"独立性、综合性、实用性和实验性"。

第二种观点主要来自于根元。他将应用语言学的性质归纳为："研究语言和语言学应该同应用各部分结合点、接触面，包括结合、接触的动态变化的规律性、普遍性、特殊性。"

上述两种观点并不矛盾，二者相辅相成、互为补充。

而要想深层次了解应用语言学的性质，接下来我们就要从应用语言学的定义与特征来进行分析。

一、对应用语言学定义的认识

长期以来，人们对于应用语言学的范围众说纷纭，并无统一的定论。为了对应用语言学有清晰的认识，下面就结合几种比较具有代表性的观点进行分析。

在《朗曼应用语言学词典》中，对应用语言学所涉及的两个方面进行了分析，其一是第二语言教学与外语教学；其二是语言学习与语言学相关的应用。

然而，在很多美国和西欧的学者看来，应用语言学通常仅被看作语言学习或者语言教学的一部分。

斯波尔斯基（B.Spolsky）则认为，应直接将应用语言学改称"教育语言学"。

俄罗斯学者则通常将机器翻译、情报检索等语言信息处理的研究看作是应用语言学的研究范围。他们都将自身的需求作为出发点，将应用语言学的研究限制在非常狭窄的范围内。

在施密特（Schmitt）所著的《应用语言学导论》一书中，他对应用语言学进行了精辟的概括，认为它是一门解决现实语言问题的学科。

卡普兰（Robert.B Kaplan）在《牛津应用语言学手册》中强调，"应用语言学不仅仅是语言学的一个分支，它解决的实际问题涉及方方面面，如人类学、教育学、历史学、经济学、政治学、语言与学习、词典编撰学，心理学等。应用语言学的研究者除了具备以上相关知识和语言学知识外，还应精通计算机的使用，能够利用计算机中的相关软件对数据进行分析。"

在《中国语言学大辞典》中，陈海洋先生对应用语言学的定义和研究范围进行了阐述。他认为应用语言学是利用语言学的知识来解决其他学科问题的一门学科。而广义的应用语言学除了研究在语言教学中对语言学知识的应用外，还研究与科技相关的语言问题，甚至包括社会语言学和心理语言学的研究。狭义的应用语言学重点研究语言学知识在语言教学中的应用，即如何利用语言学知识进行第一语言和第二语言的教学。

我国语言学教授龚千炎曾经与其他学者合写过一篇文章，名为《应用语言学研究刍议》。其中对我国国内关于应用语言学的研究进行了深入剖析。根据其观点，我国国内的应用语言学的研究情况可大体分为以下五个方面：

其一，国家的语言规划和语言计划，如语言文字的规范化、标准化、现代化等。

其二，语言学与计算机的结合，如机器翻译、计算机情报检索、汉语言文字的信息处理等。

其三，语言学习与语言教学，包括外语教学、汉语教学、对外汉语教学等。

其四，语言学与社会学的结合，如社会语言学、文化语言学等。

其五，语言学与心理学的结合，如心理语言学、神经语言学等。

贾冠杰在总结了应用语言学的相关定义之后，认为应用语言学应该分为广义角度的含义和狭义角度的含义，其中广义的应用语言学包括所有语言学可以应用的范围；狭义的应用语言学是指将语言学中的新的理论与发现应用于语言教学中。

应用语言学原本是关于语言教学的学科，我国著名学者桂诗春教授将"应用语言学"这一学科引入到我国。早期的应用语言学专指语言教学，特别是第二语言教学。

但是，随着应用语言学的不断发展，它在很多领域都得到了广泛的运用，应用语言学的研究范围也日益广泛，进而出现了一些新的研究对象和新的学科分支，人们对应用语言学也有了新的认识。

二、对应用语言学特性的认识

（一）独立性

应用语言学是语言学中一门相对独立的学科，主要体现在四个方面。

（1）应用语言学有明确的研究目的与对象，即主要研究的是其在各个领域的运用。

（2）应用语言学具有一套完整的研究方法与理论。

（3）应用语言学领域有从事研究的专门人员。

（4）应用语言学具有专门的研究组织，甚至是国际性组织。

（二）实用性

应用语言学是对语言使用展开的研究学科，因此带有很强的实用性。除此之外，这种实用性还表现在应用语言学研究的根本目标上。应用语言学虽然通过一定的理论与方法对语言使用展开分析，但是其最终目标并不是追求研究的理论性，而是试图通过语言研究更好地指导语言使用。

此外，应用语言学又是一个分支学科，这些学科无一不是为了社会的实际需要服务的。

（三）实验性

实验性也是应用语言学的一个特征。同其他自然科学一样，应用语言学也需要通过科学的实验得出准确的结论。统计手段在应用语言学的研究中是很常见的，统计的方法有利于使研究的结论达到定量和定性的统一，以确保结论的科学性与可靠性。

应用语言学要想成为一门独立的学科，必须具有一定的理论和方法为指导。没有理论和方法以及研究手段的更新和发展，应用语言学也就谈不上发展和进步。然而，与理论语言学或普通语言学相比，应用语言学的实用性和实验性的特征更加突出一些。

（四）综合性

综合性是由应用语言学的学科性质决定的。齐沪扬、冯志伟和陈昌来等学者都认为研究应用语言学，既要研究语言学知识，还要研究相关学科的知识。

正因为应用语言学在不同的领域中要与不同学科相结合，才出现了应用语言学的下位学科，如社会语言学、心理语言学、人类语言学、病理语言学、神经语言学、计算语言学等。因此，学习和研究应用语言学，除了要研究语言学的知识和理论方法外，还需要研究其他学科的知识。可见，应用语言学是一门多边缘的跨界学科、综合性学科。

第三节　应用语言学的发展历程

作为一门学科，应用语言学兴起于20世纪中期，自产生之日起，其发展速度迅猛，已经形成了很多与之相关的下位领域。这里主要对国内外应用语言学的发展历程展开分析。

一、国外应用语言学的发展历程

（一）早期的应用语言学

古希腊时期就存在关于语言和语言教学的历史。

就英语而言，语言学产生于18世纪下半叶。1755年，塞缪尔·约翰逊（Samuel Johnson）出版的《英语词典》（Dictionary of the English language）使英语词汇意义的解释更具有权威性，并且规范了英文的拼写。

在这之前，英文的拼写并没有规范性。1762年，罗伯特·罗斯（Robert Lowth）又出版了《英语语法简介》。

约翰逊试图通过收集大量英语词汇的实际用例对英语词汇进行描写，而罗斯则对什么是正确的语法进行了规定。但是，由于专业的语言学背景的缺乏，以及英语语法是建构于古典拉丁语的模型上，且这两种语言的组织形式存在差异，结果使创造出的英语语法规则很难被运用到英语语言中。

虽然这些规则并无多大的意义，但随着社会的发展与进步，教师与学生开始厌烦模糊的表达，所以罗斯的语法被认为是一种规则，受到人们的青睐。

（二）现代的应用语言学

20世纪是应用语言学的重要发展阶段，具体表现包括以下几个方面。

20世纪，语言描写与方法论得到了迅速的发展。在这一过程中，一些语言教学方法诞生，如语法—翻译法、直接法、听说法等。同时，很多学者也提出自己的观点和看法，如乔姆斯基提出儿童语言习得、海姆斯提出交际能力等。

在这一时期，对语言测试的研究也达到了一定的程度，人们试图通过不同的测试类型对所有情况进行适应。常见的测试类型有学习档案、课堂观察、自我评价、他人评价等。

同时，由于计算机普及，对应用语言学的研究领域也在扩展，即计算机开始应用到应用语言学研究中，尤其是语言实验室的诞生。在语言教学上，出现了计算机辅助教学。

如今，随着新型学习项目的诞生，计算机辅助教学已成为一个必然的趋势，也必然是应用语言学研究的重要手段。

二、我国应用语言学的发展历程

20世纪五六十年代，应用语言学在我国得到了长足发展，在20世纪七八十年代形成学科。

1984年，语言文字应用研究所（以下简称语用所）成立，这标志着我国应用语言学学科正式形成。成立初期，语用所是在中国社会科学院与文改委的隶属下。1988年，语用所归属于国家语言文字工作委员会。后来，语言文字工作委员会与教育部合并，这时语用所成了教育部的下属机构。

2001年4月，国家相关政策给予语用所支持，并设立《语言文字应用》编辑部和普通话培训测试中心，这使得我国建立了第一个专门对应用语言学进行研究的机构。

此后，语用所先后设立了辞书研究中心、计算语言学研究室等，规模越来越大，任务越来越广泛。

1992年，《语言文字应用》杂志正式创刊，根据国家对于语言文字的政策，为了实现语言文字的规范化与标准化，通过对应用语言学的学术成果进行发表，使国内外应用语言学的队伍不断壮大起来。

同样，到了当代，应用语言学的研究领域不断扩大，应用语言学与心理学、神经学、人类学、文化学、计算机等的结合是最好的体现。其发展的趋势前景广阔，中国的研究者也在致力于应用语言学的多领域研究。

第四节　国内外关于应用语言学的研究

应用语言学不仅是一门独立的学科，也是一门无法替代的新兴学科，它有其自身的理论、原则、研究方法。本节主要探讨国内外学者对应用语言学的研究。

一、国内外关于应用语言学的研究理论

（一）国外关于应用语言学的研究

国外对应用语言学的研究也属于语言研究的范围。近些年，其研究也在逐渐扩大，很多新兴的研究领域也因此诞生。

卡普兰在其《牛津应用语言学手册》这本书中，对应用语言学的研究范畴进行了规定，即认为应用语言学是由几个子领域构成的，其内容如下。

（1）翻译学。

（2）词典编辑。

（3）二语习得。

（4）法律语言学。

（5）语言测试。

卡普兰还指出，就问题性质而言，应用语言学还应该包含历史学、人类学、教育学、神经学、心理学等内容。但就事实而言，很多领域并没将自己看作应用语言学的一部分。

同样，语言学家彭尼库克（Pennycook）在他的《批评应用语言学》一书中将应用语言学的领域归结为以下几点。

（1）对翻译的研究。

（2）对语言病理的研究。

（3）对语言运用的研究。

（4）对读写教学的研究。

（5）与心理学、社会学等相关学科的研究。

从上述论述中不难发现，应用语言学与其他边缘学科相关。由于应用语言学范畴的广泛性，其在研究上存在着交叉领域，并在研究中也会运用一些交叉理论，这会在下面章节中作具体论述。

（二）国内关于应用语言学的研究

应用语言学最开始以语言教学为目的。桂诗春认为，应用语言学就是介绍与学科

相关的理论与技巧，并将其应用于语言教学的学科，是一个中介的桥梁。就这一定义来看，应用语言学研究主要是语言教学的研究。

在应用语言学研究领域逐渐扩大的影响下，对于应用语言学边界问题的研究也在拓展。

著名语言学家邢公畹在他的《语言学概论》一书中明确指出，应用语言学应该从广义与狭义两个层面来区分，狭义层面的研究主要是对语言教学的研究，广义层面的研究主要是对与语言学相关学科的研究，从而导致很多边缘学科。

但是，与邢公畹的观点相反的是何英玉、蔡金亭两位学者，二人在其合著的《应用语言学》一书中，并未建议将应用语言学的范畴扩大，但是对其只研究语言教学进行了批评。在两位学者看来，应用语言学的研究范畴应该包含如下几个部分。

（1）外语教学。

（2）词典学。

（3）二语习得。

（4）语言测试。

（5）术语学。

同样，于根元教授归纳处理了应用语言学的定义与内容，并做出如下划分。

（1）语言教学。

（2）与科技相关的语言学。

（3）社会语言学。

（4）语言计划。

二、国内外关于应用语言学的研究方法

（一）调查法

调查法指的是通过调查的方式对语言的环境、语言事实以及具体的语言交际对象进行分析与考察的方式。

在应用语言学中，调查法的使用范围十分广泛，如社会语言学、心理语言学、儿童语言学研究。在二语习得中的中介语研究中，调查法也有着十分广泛的研究。调查法使用的目的是收集不同的资料，具体可以通过以下几个途径进行。

1. 观察法

观察法是通过观察被调查人的日常言语行为从而获得所需要的语言资料。这种方式是通过"看"进行的，可以分为隐蔽观察和参与观察两种方式。

隐蔽观察指的是在不显露调查者的身份下对被调查者在不同的社会环境中的语言使用情况进行的观察。

参与观察指的是调查者本身参与到被调查者的活动中去，在活动中对被调查者的表现情况进行收集。

对比这两种观察方式可以看出，虽然二者的具体操作方式不同，但是都将被调查者放在了具体的语言环境中，带有较高的真实性。具体而言，观察法的优点表现在以下三个方面。

第一，对被调查者进行直接观察，提高了资料收集的直观性与真实性。

第二，通过隐蔽观察的方式，可以了解被调查者一些不便说或者不能说的语言资料。

第三，观察法的操作较为简便，操作的灵活性较高。

但是，观察法本身也存在着自身的缺点，表现在以下四个方面。

第一，观察法实施过程中，需要观察的事件并不是随时发生的，带有一定的随机性。

第二，观察法的观察并不能搜集到所有的语言现象和语言资料。

第三，观察所收集到的资料，其结果可能只是单个情况，很难被重复验证。

第四，通过参与观察的方式，被观察者的生活也许会受到一定的影响。

2. 访谈法

访谈法指的是将调查者与被调查者放在同一空间中进行面对面的交谈，从而获得相应的语言材料的方法。

访谈法的进行主要是利用"听"进行信息的收集，是一种直接有效的调查方式，具体可以分为个体访谈与集体访谈两种形式。

个体访谈，顾名思义就是通过面对面的交谈获得信息，这种调查方式详细、深入并且全面。

集体访谈法是在集体中展开访谈，带有效率高、信息收集快的特点。

需要指出的是，访谈法也带有自身的缺点，主要表现在以下两个方面。

（1）由于在访谈之前，被调查者已经了解了访谈的目的，因此在具体的朗读与回答时会很谨慎，从而影响调查的结果。

（2）从语体角度上分析，访谈法收集到的资料都较为正式，因此和日常语言交际所使用的语言有所差别。

3. 问卷法

所谓问卷法，就是将语言行为调查放在书面上来进行的一种方法，是一种利用"写"来收集语言材料的方式。

问卷法的使用带有一定的要求，适合于规模较大、人数较多的调查中。在调查中，需要调查者事先设计出一系列的问题从而供被调查者作答，同时需要被调查者在问卷上标明自己的基本信息。

问卷法按照回答方式的不同，可以分为开放式回答和封闭式回答两种。开放式回答指的是在问题下方不直接给出答案选项，同时回答的内容也不进行限制，被调查者根据题面自由陈述自己的见解。封闭式回答指的是被调查者在题面下方的选项中选择自己认同的选项。

需要明确的是，开放性问题的设置一般需要保持中立，并将语言的运用置于特定语境中，问卷设计者可以给调查者提供一些背景或者语境。封闭式问题一般以可测标志为基础，从而为后续的定量分析提供一些便捷之处。

问卷法是调查法的有效方式之一，是信息转换的基本依据。通过问卷法不仅能够测出人们的语言基础知识和语言使用信息，同时还能测量出人们对待事物的态度。问卷法在实施过程中的优点表现在以下几个方面。

（1）问卷法实施较为方便。

（2）问卷法不受被调查者人数的限制。

（3）问卷法可以给被调查者充足的考虑时间。

但是，问卷法也存在自身的缺点。

（1）有些问题是纷繁复杂的，问卷很难完全表明。

（2）问题如果含混不清，被调查者很容易含糊回答。

（3）样本很容易缺乏代表性，并且很难完全收集回来。

由于每种调查方法都带有自身的优缺点，因此在具体的调查过程中，一般是综合不同的调查方式，从而得到更加具有信服度的调查结果。

（二）实验法

应用语言学研究是为了对语言现象与规律进行解释。但是，为了证明语言事实、语言假设、语言理论的有效性，从而解决语言运用的实际问题，就需要运用实验法，增加研究的科学性。

在应用语言学发展的形势下，其研究的领域不断扩大，人们对应用语言学的理解更是从狭义向着广义纵深发展。可以说，应用语言学不仅是研究语言理论的学科，同时也是为了解决实际语言应用的学科。因此，在应用语言学研究中使用实验法十分有必要。

1. 实验法的特点

在应用语言学研究中使用实验法，不仅是由于研究的需要，同时也是实验法的特点所决定的。

（1）逻辑性。逻辑性是实验法的首要特性，指的是实验的程序和规则较为直接，从而使语言研究带有一定的渐进性，研究步骤之间存在着一定的逻辑关系。应用语言学研究者既可以通过逻辑对实验的内部效度展开分析，同时也可以利用概括的方式对外部方式进行研究。

（2）系统性。实验并不是随意展开的，那必然需要按照一定的程序规则展开，涉及这套规则如何设计、如何观察、如何找出定义变量等。

在这些规则之下，实验的组织性非常严密，不仅方便操作、方便检查，还能避免在考察过程中进行决策。临时性决策往往存在个人偏好问题，因此应该减少，这样也有助于提高实验的系统性。

（3）可重复性。实验法也具有可重复性特征，因为实验往往是透明的，任何人都可以从前人的设计、收集中吸取灵感，进行实验，并对实验结果进行校验。

需要指出的是，社会科学实验的难度非常大。应用语言学与语言活动密切相关，且语言活动又属于社会性活动，各种因素相互交织。这种困难主要表现为如下几点。

第一，人是语言活动的对象，很难保证实验的重复性。

第二，社会科学实验并不是在实验室完成，而是在现实中完成，因此很难与被测试者保持一致。

第三，人非常复杂，即使是同一个被测试者，环境不同，测试结果也不同。

（4）简约性。研究者在对数据进行分析时，往往会将复杂的现象做简约处理，使这些复杂的现象被人理解。通过简约化处理，实验就更具有关联性，使描写事物与解释统一起来，最终从实质转换成抽象的东西。

2. 实验法的步骤

在实验法特点的影响下，其步骤的实施也需要科学的设计。具体来说，实验法的实施步骤包括以下三个方面。

（1）实验的设计。设计是实验法实施的首要步骤，同时也是应用语言学研究的重要环节。

由于应用语言学的研究范围十分广泛，在研究中又和其他研究有着密切的联系，因此应用语言学使用实验法需要进行科学的设计。具体来说，应用语言学使用实验法进行时需要靠课题的选择、假设的提出、变量的发现、变量的操控以及变量的观察，从而为后面的研究打下良好的基础。

（2）实验的实施。一般来说，实验的实施需要经过以下步骤。

第一，明确实验的目的、意义。

第二，明确实验的时间、地点，要具有多样性。

第三，确定实验的对象，要从实验目的出发考量。

第四，把握实验的内容。

第五，明确实验的指标。

第六，确定实验队伍，一般需要多人配合展开。

第七，做实验总结，得出最终结论。

（3）实验的解释。对实验结果进行解释是实验的最后一步，同时也是实验最重要的一步。对实验的解释体现出了整个实验的价值，是后续研究的重要依据。

（三）预测法

在应用语言学研究中，如果调查、实验达到某一程度，此时就可以对结果展开一定程度的预测。当然，预测不是无根据的猜想，而是有理有据的，是一种科学的猜想。

预测法主要包含三种途径：外推法、征询法与模拟法。

外推法主要从过去、现在、将来的社会发展趋势出发来推断。这种预测法具有连贯性与稳定性的特点。

征询法主要是向专家征询意见与建议的方法，其又可以称为"德尔菲法"。这种预测法主要采用非面对面形式来向专家、学者征询意见，具有匿名性、反馈性与统计性的特点。所谓匿名性，是指参与预测的专家、学者是匿名的，这样可以避免相互之间的干扰，也避免影响专家、学者的预测与判断。这类预测往往依靠的是专家、学者头脑中存在的资料与经验，然后经过分析与计算得出结果。所谓反馈性，是指需要专家、学者的反复性作业，并通过多次重复、综合、整理与修正，使这些预测有组织、有步骤地展开。所谓统计性，是指将各个专家、学者的意见与建议进行统计，然后取其中位数或平均数。

模拟法是将大量的初始数据，通过计算机进行编程，模拟具体的过程，从而预测最终的结果。

（四）比较法

在应用语言学研究中，比较法也是一种常用的方法。应用语言学是以语言、语言学作为基点，研究社会日常生活中与语言运用相关的现象的一门学科。因此，对于应用语言学的研究还需要具备扎实的基础与深入的实践。运用调查法对应用语言学研究只能得到研究素材与资料，而更重要的一步应该是运用这些素材进行分析与比较，进而归纳与总结出结果。

我国著名学者于根元教授在他的《应用语言学概论》一书中这样论述比较法：比较法是一种根本性的研究方法，其他研究方法都是基于这一方法的，只是其他方法在延伸的过程中有着自身的特殊性而已。

一般来讲，比较法可以划分为两类：一种是事实比较法；一种是理论比较法。

事实比较法又称为"比附"，是指对客观事实或客观现象进行概括、归纳的一种比较方法。事实比较法本身具备明显的描写性特点。

理论比较法是指将系统理论的普遍原理运用于具体的语言中，并确定这种方法是否可行的一种比较法。理论比较法包含两大层面：宏观与微观。例如，在对外汉语教学中，为了证明哪一种教学方法更有效，可以采用分班对比的方式。研究者可以事先设计好对比的内容，然后两个班分别使用不同的教学法，最后在学期末的时候，以测试的手段来比较两班学生的差异和进步程度，从而来分析两种教学法存在的差异。再如，文字规范化问题是语言规划的一部分内容，而其包含的口语和书面语的规范标准是不同的，那么如何确立二者的标准呢？这就需要比较二者的差异性，分析、总结和归纳出其在遣词造句上的共性和差异性。

从哲学角度上来说，事物之间既存在区别又有着联系，而比较法就是比较不同事物之间的区别与联系，也可以说成是事物之间的个性与共性。因此，在应用语言学研究中，比较法的比较主

要是语言现象个性与共性的比较。这种比较可以产生于语言现象的内部，也可以产生于不同语言现象之间。在运用比较法时，可以从如下三个层面着手。

（1）确定比较范围，即了解比较的对象属于何种范畴或者哪些层面。

（2）选择比较的基点，在这一点上，可以选择一些可视度高的方法，如数据、图表等。

（3）分析揭示出所探究的问题。

但需要注意的是，在运用比较法的时候，尽量避免出现低效比较与无效比较。前者是指语言对象存在可以比较的层面，但是由于受到比较者主观的影响，并未比较到可以比较的层面，或者比较仅仅流于表面，因此这样的比较并不是高效的比较，起的作用并不大。后者是指语言对象进行比较之后，并未说明问题，也未得出相应结论。简单来说，就是将不同的语言对象说成相同的，将相同的语言对象说成不同的。

（五）语料库法

所谓语料库法，指的是凭借语料库以及信息检索软件，对语言进行研究的方法。当前，这种方法在应用语言学研究中非常普遍，与传统语言学研究方法相比，这一方法具有独特的优势。

（1）语料库规模大，信息检索功能强。

（2）避免因研究人员的主观性导致结果偏差。

（3）使语言研究具备了计量依据，更具有客观性与科学性。

（六）定量研究法与定性研究法

除了调查法、实验法、预测法、比较法、语料库法外，在语言的研究中，人们对资料的收集、整理、分析与解析还有其他手段，即定量研究法与定性研究法。这一方法是从资料来源、整体方式以及研究的归宿等方面来说的。

定量研究法与定性研究法是当前受争议较大的研究方法，且学界对两种方法的研究较多。不得不说，两种研究方法各有利弊，下面就对这两种方法展开分析。

1. 定量研究法

定量研究法又称为"量化研究"，是指对研究对象的相关特征展开量化分析，得出数据后进行统计处理，最终得出结论的一种研究方法。定量研究有以下几个特点。

（1）定量研究的数据是研究者基于特定目标有控制地获取的。需要的资料并非来自于自然，而来自于人为实验。

（2）定量研究是以假设为起点，这在一定程度上违背了逻辑归纳的原则，而侧重于演绎，以此来验证假设是否具有可行性。

（3）定量研究的结果具有实证性，其通过推断来检验各量之间存在的因果关系。

2. 定性研究法

定性研究法又称为"质化研究"，其是基于对数据、资料的主观分析。定性研究有广义的定性研究与狭义的定性研究。其中前者是指非定量的一切研究方法；后者仅只个案方法与实地方法。本书所讲的就是狭义层面的定性研究法，是指小范围内对所研究的对象展开考察，然后分析得到的非数字形式的数据与资料，最终得到结论。定性研究法也有如下三个特点：

（1）定性研究的数据和资料来源于自然，具有明显的客观性。

（2）与定量研究不同，定性研究采用的是逻辑归纳的手段，对一些开放性的资料进行整理和归纳，从中选取并概括出语言研究的理论。

（3）定性研究的必然结果就是建立分类系统。

3. 定量与定性的关系

从定量研究与定性研究的内涵中可以看出，二者属于相对的研究方法。有学者甚至认为定量研究法与定性研究法是不可调和的。实际上，二者属于相互补充的关系。定量研究法以分析为主，对数据进行量化分析，并运用数量、比例、频率等关系来对事实情况进行说明；而定性研究法以综合为主，对资料与数据进行质的分析，最后进行综合性的概括。可见，定量研究法是为定性研究法服务的，定性研究法是定量研究法的最终目的与归宿。

虽然二者有着明显的区别，也有些缺点，但是这两种方法不失为科学的研究法。在应用语言学的研究中，不能仅仅限制在某一方法上。

4. 抽样统计

统计是最主要的定量分析法，而要获得各种数据，就不得不采用抽样的方法。

（1）抽样。由于语言使用者、语言现象、语言环境等是多样化的，研究者不可能掌握与观察到所有的现象，他们所看到的仅仅是其中的某一部分，甚至是一小部分，即语言现象的样本。因此，应用语言学研究者得到的也是一个个的样本，而获得样本的最好办法就是抽样。

抽样又称为"取样"，是指从一个整体中选取某一部分或某些部分进行观察、分析，最后通过整体中包含的某些样本来推断出整体的特征，即参数。抽样是为了使研究对象具有代表性，从而得出普遍性的推断意义。例如，随着普通话的广泛推广，有些地方的方言发生了变化，同时这些变化体现在不同的年龄上也有所不同，但是为了证明这种情况，研究者不可能对所有人做出调查，只能选取这些人群中的一部分，这就是取样。

但需要注意的是，在抽样过程中，一定要处理好以下几点问题：

第一，取样的范围是否合理。研究者具体研究何种问题就决定了他们在哪些范围内取样。例如，同样都是英语，但是苏格兰地区就有其明显的方言，为了观察其语音的变化，就必须在这个地方进行抽样。

第二，抽样是否典型。样本是否典型关系着推断出来的研究结果是否正确，对何种对象进行选取与调查需要考虑整体对象的性质与特征，选取的这些样本要能够在最大程度上代表整体对象。

第三，选取的抽样方法是否合适。抽样方法是非常多的，但是应该具体问题具体分析，根据具体的情况进行选择。例如，之前提到的方言的问题，需要对其进行年龄段的划分，因为不同年龄段接触方言的时间是不同的。

第四，样本的数量是否足够。样本数量也是影响最终推断结果的一个因素，因为抽样的误差与样本规模的平方根是成正比的，因此在各种条件（如人力、时间、物力等）允许的情况下，尽可能地选择更大范围的样本数量。

（2）抽样的分类。抽样包含两大类：一种是随机抽样，另一种是非随机抽样。

在这两种分类中，其中随机抽样是最基本的办法。随机抽样主要可以分为四种方法：简单随机抽样、系统抽样、分层抽样、多级抽样。

简单随机抽样又称为"单纯随机抽样"，是指从整体中任意选取某个或者某些样本，使这些样本的选取概率是平等的。这种抽样方式可以是重复的，也可以是不重复的。

系统抽样又称为"等距抽样"，是指将整体按照一定次序进行排列，然后按照等距的方式进行选取抽样。这一抽样方式对于整体来说分布得比较均匀，因此误差要比简单随机抽样小。换句话说，就是系统抽样比简单随机抽样更加有效。

分层抽样又称为"类型抽样"，是将整体按照其自身的属性分成若干层，然后从这些层中选取一些作为样本。但是需要注意的是分层抽样一定要保证其界限的分明，即层组之间要保证异质，而层组之内保持同质。

由于调查的单位不能够一次性抽取得到，需要多级抽取，就是从大到小，先抽取大的单元，再抽取小的单元。

非随机抽样是从研究人员的主观性上出发，也是为了抽样的方便，一般情况下会从整体中抽取一部分单位作为研究的对象。常用的非随机抽样方法主要有三种。

第一，偶遇抽样。简单来说，就是将偶然遇到的对象作为研究的样本。

第二，雪球抽样。选择一批研究对象，再从这批对象的抽样中选取第二批研究对象，以此类推。

第三，判断抽样。一般情况下，判断抽样是由研究人员自身去判断这些研究对象是否具有代表性，然后自行选取抽样。

从以上的定义和分类中不难看出，非随机抽样虽然比较简单、方便，但是具有明显的主观性和偶然性，同时在这一抽样结果中无法计算出其抽样的误差，因此所得到的数据和资料存在着很大的不可靠性。因此，在调查中一般不提倡使用这一抽样方法。但是随机抽样能够使特定范围内的每个成员存在被选的可能，因此这一点上避免了非随机抽样的弊端。

（3）统计与分析。统计与分析是抽样结束之后的必备过程，即对抽样得到的材料进行整理与分析。那么要对材料进行整理就必须要首先进行统计，而最为常用的统计方法就是百分比统计法。随着计算机技术的进步，统计已经成为了一种比较简单的方法与手段。很多计算机研究者设计了多种统计软件供应用语言学研究者使用。

第二章 应用语言学的基本理论与核心领域

任何一门学科的形成与发展都离不开理论的指导,作为一门新兴学科,应用语言学建立在理论的指导下,逐渐成就了一套健全的理论框架体系。这些理论包含中介理论、潜显理论、交际理论、动态理论、层次理论、人文性理论。另外,如第一章所述,随着应用语言学的发展,其与儿童习得、心理学、社会学等的结合形成了很多相对应的核心领域。本章就对应用语言学的基本理论与核心领域展开分析和讨论。

第一节 应用语言学的基本理论

任何实践都离不开理论的指导,而理论也属于应用语言学研究的一项重要内容。本节就对应用语言学的基本理论进行剖析。

一、中介理论

中介,顾名思义属于一种中间状态。这种状态在人类社会、大自然中广泛存在,也必然在人类语言中存在。无论是语言本身的部分,还是人类接触与学习语言时,都必然需要"中介"的介入。就现代应用语言学而言,这一中介的出现就是"中介现象",其非常复杂且有趣,涉及了应用语言学的诸多层面,而关于"中介现象"的研究理论就被称为"中介理论",这一理论在应用语言学中得到了广泛应用,下面就重点分析和探讨。

(一)中介理论和语言研究

中介理论认为,无论是何种语言,都存在一个中间态,其应该被人们重视。结构主义语言学的产生使得仅仅将语言视为一个二元分类模式,即"非A即B或C"。

就语音层面来说,汉语一般是一个字与一个音相对,且每一个字与音节的对应也是非常明显的,因此汉语与英语相比较来说,很多人认为汉语更容易切分音节,汉语的理解也会比英语更为容易。但是事实上，在发音上汉语音节中的两个音素很难被切分，即使是人们所熟悉的音节也是一样的。这是因为，一个音节的发音会随着语境发生改变，要想熟悉每一个音节的语境是非常困难的。

就语义层面来说，很多代表时间、年龄的词语，语义很难进行划分。例如，morning 和 forenoon 就很难划分出界限，而这些词语之间存在有一些状态，这些状态就是中间状态。

从语法的角度而言，中间状态也是存在的。例如，以往人们认为词汇只存在一种词性，不是名词，那么就应该是动词、副词等。但是随着实践的发展，人们认识到很多词汇不仅有一种词性，甚至还有很多种词性。还存在一些词汇词形相同，但是具有不同的词性，且意义也不同。可见，汉语词类非常复杂，很难运用简单标准来统一规划。

从语用的角度而言，最突出的表现为语体与语体之间存在着中间状态。在传统的语言观看来，语体有两大类：口语与书面语。但是从实际的语言运用来说，口语与书面语往往相互涉及。例如，节目主持人是以口语形式来主持节目，使用的语言自然是口语体，但是为了使节目更加规范，他们的语言中也掺杂一些书面语。

通过上述分析可知，中间状态在语言运用中不可忽视。语言研究如果不能对语言正常观察和描写，那么研究结果、总结的理论就很难被人信服，如果将这些理论、结果运用到具体的实践中也会出现各种问题。因此，中介理论的提出有助于让人们认清语言的本质问题，对于处理语言运用问题十分必要。

（二）中介理论和语言规划

中介理论认为，语言规划是一个不容忽视的层面。就我国来说，中华人民共和国成立之后，很多语言政策都具有合理性与科学性，但是在某些语言问题上仍然存在分歧，其中比较突出的就是语言的规范化问题。

一般情况下，十分规范的语言与十分不规范的语言之间的界限是非常明显的，但是介于十分规范与十分不规范之间的语言往往比较让人难以理解。存在这样一种情况，一种新的语言，人们认为其是不规范的，并且这种语言受到很多的批评，但是这种批评并不能将这种语言现象扼杀，反之，人们会逐渐承认这种语言是合理的。对于这一情况，中介理论认为："交际即使是比较规范了，任然还有个规范度……规范要放到人们活的交际活动里去看……交际效果好就是交际度高，规范度也就高。"

规范度这一概念有着非常重要的意义，任何一门语言都是循序渐进地形成的。那些不符合规范但是符合规律的语言，不应该被认为是语言问题，而应该视为不规范的一部分，是语言转向规范的必经阶段。事实上，并不存在绝对化的规范，运用中介理论对这些语言应用问题展开分析更具有真实性，也有助于指导实践。

二、潜显理论

潜显理论主要研究的是语言形式，形成于20世纪八九十年代。下面就来具体论述潜显理论的相关知识。

（一）潜显理论概述

在对潜显理论进行探讨之前，有必要分析"潜显"这个词。这里分开来说明。关于"潜"，是指隐藏的、深层次的置于语言内部的状态。关于"显"，是指表面的、显示出来的置于语言外部的状态。从潜显理论来说，语言既可以是"潜"的，也可以是"显"的，即既可以是深层的、隐藏的，也可以是表面的、显现的。前者是指被认可的语言，在社会广泛使用；后者是指新创造的语言，未被社会使用。

潜显理论认为，"运动和时空往往是连续状态，事物并不是凭显现出来的，即显现与不显现是存在某些条件的"。语言之所以能够发展，是因为其基本形式就在于显性语言与潜在语言的转化。因此，在研究语言的过程中，必然需要对照两者有所分析和关注，同时还要清楚显性语言与潜在语言的转化条件。

潜显理论一提出就赢得了很多学者的关注和研究，他们也从多种角度对这一理论进行了阐释。

（二）潜显理论的实践价值

正如前面所说，语言不仅包含看得到的显性部分，还包含看不到的潜在部分，语言就在这二者的转变过程中发展，这一规律的形成对于语言预测是非常重要的。

预测是非常重要的，在潜显理论的辅助下，基于科学的假设与现实存在，有助于对语言未来的发展情况进行预测。这也就是说，语言研究可以不再受现有语言描写与归纳的限制，而可以用动态发展的眼光来分析和判断，对语言的发展趋势进行预测。这对于人们认识和了解语言并制定语言政策等是非常重要的。

三、交际理论

在语言学研究历程中，对"语言"的界定非常重要且关键，很多学者对其进行过探讨和界定，其中"语言是一种交际工具"是最让学者认可的。这是就语言功能的角度来考量的，也将语言的工具性属性揭示出来。我国应用语言学以语言的这一定义为依据，经过发展逐渐形成了交际理论，内容如下：

（一）交际能力是最基本的语言能力

什么是语言能力，不同学者的观点不同，其中乔姆斯基在他的《句法结构》一文中，提出了"语法装置说"。在乔姆斯基看来，人类的语言创造力是从出生就存在的。

但是，由于交际能力在人类的日常生活、交际活动中贯穿始终，因此与知识研究能力相比，交际能力是最基本的能力。虽然语言使用者对使用的语言不仅要做到知道是什么，还应该知道为什么，但是知道为什么是为了更好地理解与创造语言，而不是为了研究而研究，这可能会对语言的运用造成阻碍。因此，应用语言学的交际理论认为，在语言使用中，交际是第一要务，语言活动必然为交际服务。

（二）交际能力需要在多种语言交际中实践

掌握一种语言预示着可以使用语言进行交际。但是，这一交际能力并不是立即就可以形成的，需要通过实践。在实践的过程中，人们接触到的语言并不总是规范的，更多的是变化的语言。因此，与不同类型的人展开交际是一种常态，通过多种多样的交际，人们可以不断提升自己的交际能力。

（三）语言规范的衡量标准应该是交际值

如前所述，语言是为了交际，而交际是否成功就需要规范的参与。那么到底什么是规范？就是语言是否实现了交际值。换句话说，语言是否规范主要以语言是否有助于交际为标准，其与语言的纯正与稳定并无多大关联。以前不存在的语言并非一定不符合规范，只要现在需要，那么语言系统就可以允许其存在，那么就可以称呼这种语言为规范的语言。

（四）语言交际能力的实现无法一次完成

人的语言素质会不断随着年龄改变。人们在小时候，往往语言素质与长大后存在明显的不同。另外，人的语言素质也会不断提升和发展。如果人的语言素质不能顺应语言发展的规律，那么语言素质就会下降，甚至阻碍语言的发展。因此，人们需要不断更新自己的语言，并主动运用于具体的实践之中，这样才能保证语言的发展。

（五）要注重创新

语言并不是死的，而是不断发生改变的。这种改变是受人天生的语言创新能力影响的，需要将这种天生的语言创新能力唤醒才可以。当前，我国教育在创新方面并未加大力度，教师只是机械地传授语言知识，而这使得学生总是拘泥于语言知识的范畴。这就要求当前的教师应该多鼓励学生创新，这样才能促进学生的个性发展。

不得不说，语言创新与奇谈怪论并不等同，也不是简单地使语言形式发生改变，而是应该创造出具有实用价值、新思维的语言。这也使语言能给给人们带来新鲜感，并促进交际。

四、动态理论

唯物辩证法认为，事物在不断发展变化。因此，世间万物都在运动过程中，这就意味着人的语言活动也是运动的。基于上述认识，应用语言学家们将语言的动态性质纳入语言研究范围中，并总结出动态理论，内容如下：

（一）语言的动态性

如前所述，语言是动态的。但是，对于语言静态与动态的关系问题，很多专家和学者观点不一，众说纷纭。受结构主义语言学的影响，人们认为语言是静态的，这个观点持续了很长时间。但是随着应用语言学的形成和发展，人们认识到语言并非完全静止，还是运动的，静态只是语言发展过程中的一种缓慢表现。在长期的运动变化中，语言呈现了两种变化类型：吸收、隐退或者消亡、中和。

（二）语言认识的动态性

对语言的认识是从实践中提取理论的过程，也是将理论付诸实践的过程。因此，语言认识不仅是一种理论性的活动，更是一种实践性的活动。也就是说，语言认识也是动态的。这可以从两大层面体现出来：

（1）语言本身的动态性对语言的认识起决定性作用，因此语言本身发生变化导致对语言的认识发生变化。

（2）由于语言是复杂多变的，人们很难立刻认识清楚，因此需要一代一代人的不断努力和挖掘。

语言认识的动态性也告诉人们，语言离不开社会的发展、时代的变化，因此人们需要遵循语言的发展规律。如果从人的意志出发，对语言文字进行控制，那这种做法就是错误的，严重的话可能会导致语言出现倒退的情况。因此要想促进语言的发展，必须将语言付诸实践中。但是无论怎么应用语言，其都应该与社会的需要相符合，如果不相符，将会导致社会的停滞不前。

（三）语言研究要动稳结合

语言的动态性特征并不是否定语言的稳定性。事实上，并不存在绝对的稳态或者动态。由于人类社会在不断发展，语言为了能够适应交际与人类的思维模式，往往会不断进行调节。这往往体现在不断产生新的要素以及保持相对的平衡。认识到了这一点，人们就应该把握语言研究的动稳结合。一方面，用动态的眼光看待语言单位，这具有实际意义；另一方面，稳态研究有助于认清某些语言现象，揭示语言规律，因而十分重要，不可替代。

五、层次理论

层次理论认为语言具有层次性。这里的层次包含语言运动的形式以及与事物、地位相关的层次。

（一）人的层次与语言层次

应用语言学认为，语言由三个部分构成：一是语言内核，其比较稳定；二是语言外层，其比较活跃；三是位于语言外层与语言内核之间的中介物。

语言的使用主要是为交际服务的。语言的层次不同，适应的交际活动也不同，因此对不同人的要求也不同。例如，对于初学者而言，教师往往只要求他们掌握发音、字母拼写、简单语法等；但是对于已经学过几年语言的人而言，教师往往是培养他们的听、说、读、写、译能力。

（二）层次理论的渗透

层次理论对于我国语言的研究、语言规划等意义非凡，具体表现以下内容：
（1）理论具有较低的层次，相应地应用层次也会降低。
（2）语言规范也具有层次性。
（3）层次性可以体现在语言修辞上。
（4）语言文明、语言能力等也具有层次性。
（5）语言交际活动属于多层次交叉。

六、人文性理论

语言与文化有着密切的关系。早在 20 世纪 50 年代，我国现代语言学家罗常培先生就在《语言与文化》一书中试图从词义的视角对语言与文化的关系进行探讨。进入 20 世纪 80 年代，人们对语言的人文性有所重视。下面就来具体探讨语言的人文性。

（一）语言人文性的内涵

通过近些年的研究，人们认识到语言是文化的记录和反映，也是文化的一项重要层面和内容。通过语言，文化才能够进行扩散和传承。同时，文化也是语言发生变化的重要影响因素。

所谓语言的人文性，指的是在语言发展过程中所表现出来的文化特征。其包含以下三点：

（1）语言在文化中的反映，即通过文化背景来审视语言的特点与变化规律。

（2）文化在语言中的反映，即通过语言的变化来审视文化的意义以及运行轨迹。

（3）在语言与文化中的相互反映。

（二）语言人文性的研究视角

语言的人文性研究可以从文化环境中的语言现象和语言环境中的文化现象两个方面进行考察。

1. 文化环境中的语言现象

文化对语言在文字发展、语言系统、语言发展等方面有着明显的影响。

（1）文化对文字发展的影响。文化对文字发展有着重要影响。之所以这么说，是因为文字的产生与发展都是随着人类文化的发展而发展的。我国古代的甲骨文、埃及的象形文字、苏美尔人的楔形文字等的产生都与文化相关，这些文字也都是在人类对外部认知的基础上产生的，是人类生产、生活的反映。

随着人类文明与生产生活的进步，人类对自然征服与改造的能力逐渐增强，对世界的认知也越来越深刻，对精神的追求也在不断提升，简单的图画文字已经很难满足人们交际的需要，因此图画文字逐渐转换成以象形文字、音节符号为主的文字等。这也体现出文化对于语言产生与发展的意义。

另外，文字的演变也受到文化的影响。例如，秦始皇统一六国之后，在文化、思想层面采取了一些措施，比如采用统一的文字——小篆，而这就导致了汉字的演变。

（2）文化对语言系统的影响。第一，文化对语音的影响。语音在语言的发展变化中较为活跃。在文化发展、接触的影响下，新的音节、音位可能会有增加。例如，我国海南黎语中原本没有i，u介音的韵母，但在与汉语接触的过程中，吸收了i，u介音的韵母。这种现象在很多民族的语言中都有出现。另外，出于文化发展的需要，每个民族都会形成一种主要的民族共同语，使用着相同的发音。

第二，文化对语法的影响。文化对于语法的影响可以从两大层面分析。首先，文化对语法整体产生影响。根据研究，说英语的中国人与英语本族语者在表达模式上不同：说英语的中国人总是先说原因，论述事实，最后给出结论；而英语本族语者总是先陈述结论，进而给出论据。这种表达层面的差异反映了两个民族的思维模式的差异。这种差异与两个民族的文化相关，中国文化侧重于含蓄，对个人的功绩并不着重强调；而西方文化则侧重于展现自我。这种差异性导致中国人习惯开始于客观事物，而西方人习惯开始于结论或者个人的观点。

其次，文化对语法的影响还体现在：不同的语言社团在语言使用中存在语法上的差异。例如，从事文学创作的人多采用主动表达，采用的语气多为抒情语气，目的是吸引读者的注意力，引起读者的共鸣；从事法律工作的人多采用被动句、名词化结构，采用的语气多为陈述语气，目的是保证法律的客观性与公正性。

第三，文化对语言使用的影响。语言的使用包括两个环节：表达和理解。无论处于哪一个环节，都是在某一具体的交际情境下产生的，因此表达与理解都与具体的情境相关。但是，语境中涉及大量的文化因素，这就表示语言的运用必然离不开文化。例如，美国孩子与父母之间往往都直呼其名，但是中国人会认为这是不礼貌的。这种差异性表现了两个国家的家庭文化差异：中国人讲究长幼尊卑，而西方人强调个人主义。

（3）文化对语言发展的影响。第一，原始文化对语言产生的影响。在远古时代，人类的生产力低下，要想保证自己的生存需求，必然需要相互团结，共同抵御灾害、共同劳动，这就必然需要语言的参与。因此，早期人们利用有限的思维创造了简单的文字，并给予了这些文字一定的发音，这也是早期语言文明的产生。

第二，文化对语言地域变化的影响。语言的地域变化与其自身特点与内部发展规律有关，还与其所处的文化背景有很大的联系。就后者而言，文化对方言的产生与发展在语音、词汇、语法等各个方面都有体现。

第三，文化对不同阶层、行业用语的影响。语言的运用还受到不同行业、不同阶层、不同性别、不同年龄的影响和制约。例如，不同阶层的人，由于经济地位不同，加之受教育程度的差异，运用的语言也存在差异。一般情况下，上层人士的文化素养比较高，因此使用的语言是标准用语，而下层人士的文化素养比较低，因此使用的语言多是非正式的语言。请看下面例子：

Speaker A：He ain't got it.

He done it yesterday.

It was she that said it.

Speaker B：He hasn't got it.

He did it yesterday.

It was her what said it.

通过对比可知，Speaker A 的文化素养、阶层较低，而 Speaker B 的文化素养、阶层较高。

有研究表明，性别不同，语言也存在明显差异。这种不同主要表现在语音、词汇等内容和方式上的差异。一般情况下，女性的语言要比男性的语言更为规范、得体。例如，男性比女性更容易使用不雅的语言。

另外，年龄不同的人使用的语言也不同。即使是同一个人，在不同的年龄阶段中使用的语言也是不一样的。这是人在成长过程中受生理和社会心理方面的因素影响所致。例如，小孩子多使用简单、基本的词汇和省略句，这是因为他们尚未掌握足够多的词汇和句式；青少年对外部世界有了一定的接触，处于叛逆和突出自我的阶段，因而多使用新鲜词语，爱好创新；老年人经历岁月沧桑，形成了固定的思想观念，再加上身体和思维上的老化，更倾向于使用过时的词句。

通过上述分析可以看出，不同的文化背景孕育出不同的语言倾向。对这些倾向进行研究有助于我们更好地理解语言。

2. 语言环境中的文化现象

其中涉及语言对文化结构层次、文化发展的反映两个方面。

（1）语言对文化结构层次的反映。第一，语言对物理世界的反映。人类对自然界的改造及改造结果在语言中可以寻到一些蛛丝马迹。例如，世界上很多语言中有关"茶"的发音都很近似：汉语中是 cha，蒙语中是订⊥，哈萨克语中是 xay，吉尔吉斯语中是 tsayo。可见，后面几种发音与汉语 cha 的发音很接近，这就是我国茶文化传播发展的证据。而且，对不同国家关于"茶"的发音进一步研究还发现，"茶"在外语中有两类不同的发音：从陆路传播到土耳其、俄罗斯、阿拉伯等国家的"茶"，在这些国家的语言中都读成塞擦音声母，这种发音与北方话中的 tsh- 有关；从海路传播到英、法、德等西方国家的"茶"在这些国家的语言中都读成清塞音声母 f，这与闽南话中的 t- 有关。通过这种发音差异，有关研究者可以看出我国茶文化传播的渠道、时间，据此可以作深入的推理考证。

第二，语言对文化世界的反映。人类改造社会的活动方式及结果在语言中也有所体现。这是因为，语言是总在一定的情境中使用，这个情境暗含了当时的社会制度、风俗习惯、人际关系以及交际双方的背景。后人可以通过语言发现这些隐藏其中的文化信息。例如，不同的称谓反映了不同的婚姻关系。在实行一夫多妻制的我国古代，"妻"通常是男子明媒正娶进门的正室，是一家的女主人；而"妾"则是侧室，地位比"妻"低，家中事务要听从正室安排，不能穿红。

第三，语言对心理世界的反映。语言对文化的反映是全面深刻的，人的心理世界在语言中也有一定的影射。例如，汉语中有表示男性老师的妻子词语"师母"，但却没有表示女性老师丈夫的称谓。这可以被视为男权社会的反映。

（2）语言对文化发展的反映。第一，文字对社会文化发展的反映。例如，在甲骨文的考证中，研究者发现很多与古代畜牧业相关的信息。"狩"字以反犬旁为部首，反映出当时犬已为家畜；"牢"字以"宀"在上，像是一个牢笼，困住下面的"牛"，反映出牛在当时也已成为家畜。

第二，语言对文化分化与融合的反映。例如，早期汉语中只有"水"字表示各种江河，如"汉水""渭水"等。后来，被认为来源于阿尔泰语系的"河"（如"黄河""海河"等）与来源于南方语系的"江"（如"长江""珠江"等）进入汉语中，与"水"

一起承担描述江河的词语。

第三,专门用语对文化的反映。专门用语包括专有名称和专门术语。前者指的某一特定的对象,如人名、地名等;后者则反映了某一行业、职业的特点。

第四,语言对文化传播交流的反映。例如,日语中很多汉字的意思与我国汉字古义相同。

通过上述两个视角的研究,我们才能更清楚地看到语言的人文性质,对语言有更加深刻的认识和更加正确的应用。

第二节 应用语言学的核心领域

应用语言学的研究重点为语言本体和本体语言学有关方面的关系,因此涵盖的范畴十分广泛。本章主要就应用语言学的核心领域展开分析,包括语言教学、翻译学、文化语言学、社会语言学、儿童语言学、心理语言学、人类语言学、神经语言学、统计学、词典学、体态语言学等。鉴于后面章节会对语言教学、翻译学、文化语言学等展开探讨,且限于篇幅,这里仅选取其中有代表性的几大层面来分析。

一、社会语言学

社会语言学认为,语言是诸多社会现象中的一种,其与所在的社会具有十分密切的关系,人们在评价一种语言形式时往往带有典型的社会性特征。下面就重点对社会语言学进行探讨。

(一)社会语言学概述

一般认为,社会语言学这一概念首先出现在美国语言学家库力(Currie)在1952年发表的一篇学术论文之中。在此之前,也曾有学者关注语言和社会的关系。但直到20世纪60年代,社会语言学才成为一门学科,其成立的标志是1964年在洛杉矶加利福尼亚大学召开的"第九届国际语言学大会"。两年后,布莱特(Bright)把在这次大会宣读的论文汇编出版,成为最早的社会语言学论文集。

社会语言学的诞生并不是偶然的,而是许多因素综合作用的结果,概括起来有以下三大因素。

第一,社会科学技术方法的发展为社会语言学的建立提供了可靠的物质基础。正因为采用了当时颇为先进的录音设备及社会科学所使用的抽样调查和统计学的方法,拉波夫才有可能开展语音变异研究,成功地发现了社会变量和语言变量之间的共变关系，从而开创了多语言变异现象研究的先河。

第二，从语言自身来看，社会语言学的产生也是语言研究发展到了一定阶段的必然结果。语言学作为一门学科，其研究中心和着眼点始终是语言系统本身。索绪尔强调对语言内部系统进行共时研究及乔姆斯基的转换生成语法所研究的语言形式的分类、分布和语言的共性特征虽然都盛极一时，但它们的局限性也随着时间的推移和人们认识的提高逐渐暴露。一些针对性的理论便应运而生，社会语言学对语言差异和变异的研究正是对传统语言学的补充和修正。

第三，社会历史的发展为其建立奠定了社会基础，促进了学者们对语言与社会关系的研究。第二次世界大战后，社会变革频繁，政治形势多变，社会关系复杂。在当时，新兴国家的建立，人口的迁移，民族的融合和教育的实施等各种语言和语言变体问题的解决大多涉及具体的语言政策问题。语言，作为民族构成不可或缺的重要因素之一，受到了来自政治、文化、社会、心理等诸多方面的关注，其社会性、文化性、民族性等越来越受到语言学家的重视。

（二）社会语言学的研究内容

社会语言学作为一门独立的交叉学科，它的研究对象是语言与社会的关系。它关注的是语言的社会功能以及用语言来表达社会意义的方式，试图对人们在不同的社会语境中使用语言的方式进行解释，从而为人们提供如何运用语言以及语言在社团中所反映出的社会关系等相关信息。

广义的社会语言学即从社会的角度看语言，研究的是语言社区、多语制、语言态度、语言选择、语言规划、标准语、语言和文化等问题，进而为一个国家或民族标准语的选择和确定、文字的制定和改革、语言政策的制定、语言规划的制定与实施、语言教学与研究等提供科学的依据和指导。

狭义的社会语言学即从语言的角度看社会，研究的是语言事件、语言功能、语用、语篇分析、语言变异、语码转换、语言和性别等问题，从而发现社会结构或社会因素如何影响人们的交谈方式和谈话语体的选择等。它研究的是某一社会阶层、性别、年龄的人使用语言的模式，语言的变异现象以及人们使用语言的模式与社会因素的关系是什么。

海姆斯把狭义社会语言学称为"话语文化学"，这为社会语言学开阔了语言学的视野，即把研究的对象延伸到句子以外的领域。费希曼认为社会语言学促使了面向语境和功能的语言学的产生，因此它才是"真正的语言学"。然而，一旦社会语言学取代了语言学，社会语言学也就不复存在了，因此可以说这是"一个自我消失的预言"。20世纪60年代社会语言学诞生时，其研究对象还不明确。近50年来，随着社会语言学研究的深入发展，其研究对象也越来越明确，各种新的理论也在不断出现，在研究方法上也日益成熟，其研究对象归纳起来有以下三个方面。

第一,研究语言的变异。联系社会因素去探究语言变异发生的原因和规律,并常用统计的方法和概率的模式来描写这些变异现象,有人称为"微观社会语言学"或"小社会语言学"。

第二,研究社会中的语言问题。如双语、语言接触、语言态度、语言社区、多语制、语言选择、语言替代、语言政策、语言规划、标准语以及语言与文化的关系等问题,因而又被称为"宏观社会语言学"或"大社会语言学"。

第三,研究人们如何在实际的语境中使用语言进行交际,不同的社会阶层以及不同的社区使用语言的差别。这种研究又被称为"话语文化交际学"。

然而不管人们给这些研究冠以什么名称,社会语言学的研究对象已经越来越清晰了。即社会语言学研究的是语言和社会的关系,或者是联系社会来研究语言问题,或者是联系语言来研究社会问题。此外,上述的讨论还反映出这样一个事实:语言和社会有着密切的联系,如果脱离社会来研究语言,就无法从根本上了解语言的本质,也无法解释许多语言现象,因此可以说语言是一种社会现象。

(三)社会语言学的研究方法

1. 快速隐秘调查法

快速隐秘调查法是获得语言研究数据的重要方法之一,其特点表现在以下两个方面:

(1)调查速度快。这种调查方式是在短时间内完成的,因此被调查人很难察觉,所获得的语言信息更加真实。

(2)隐秘性高。由于快速隐蔽调查法调查过程中被调查人不知情,因此其调查的语言更加真实和自然。

所以,为了提升快速隐蔽调查法的效率和调查效果,调查人员应该事前准备好资料和问题。

2. 多人次抽样调查

多人次抽样调查是社会语言的主要研究方法,主要包括随机抽样与非随机抽样两种形式。

随机抽样在操作过程中较为灵活,可以采用抽签的形式,也可以采用随机数表的形式。在具体操作过程中,可以采用整群抽样和分层抽样。整群抽样需要将研究对象进行划分,然后再从这些群体中随机进行抽样。分层抽样需要首先对研究对象进行等概率和不等概率的分类,然后按照不同的类别进行随机抽样。

非随机抽样可以划分为偶遇抽样与判断抽样两个类别。偶遇抽样,这种方法是指调查者将其在多种不同的场合中偶然遇到的人作为样本。判断抽样,这种方法由调查者以其主观判断为依据来抽取典型的样本。

3. 配对变法

配对变法使用的目的是检测听话人的语言态度。具体来说，配对变法主要包括以下几个步骤：

第一，需要将话语翻译为不同的语言。

第二，让具备双语能力的人讲述上述话语，检测者进行录音。

第三，让不同的受试者听取录音内容。

第四，让受试者对录音内容进行打分。

第五，检测者对分数进行统计。

第六，以分数和具体表现判断具备双语能力的人对另一种语言的喜好与掌握程度。

二、儿童语言学

儿童语言学是应用语言学的一个重要领域，对儿童语言学进行研究，有助于探究出儿童语言发展的规律，了解儿童语言的发展情况。下面就对儿童语言学进行分析。

（一）儿童语言学概述

儿童语言学又称"儿童语言发展学"或"发展语言学"，顾名思义，就是对儿童语言发展的过程、规律等进行研究的学科。

一般来说，儿童语言学有广义和狭义上的区分。狭义的儿童语言学只研究儿童掌握母语和口语的过程。由于母语是人类接受和掌握的第一语言，其接受方式主要是自然获得，这与人类第二语言的学习有着重要的差异。从这个意义上说，狭义的儿童语言学研究的是母语获得的过程或者是第一语言习得的过程。

广义的儿童语言学的研究对象主要有以下四个方面：

（1）第一语言的口语学习。

（2）第一语言的书面语学习。

（3）儿童所进行的非第一语言的学习。

（4）具有语言障碍的儿童所进行的语言康复。

儿童语言发展的研究是目前发展心理学中最令人振奋，且最富有挑战性的研究领域之一。一般来说，儿童语言的发展可以分为三个阶段：语言准备阶段、语言发展阶段和语言完善阶段。

儿童语言的研究需要遵循一般规律，同时也需要考虑到研究过程中的特殊情况。将一般与个别相结合，对于研究儿童思维的发展以及语言习得规律都有着积极的促进作用。儿童语言学在初始阶段是心理语言学的一个分支，但随着其自身的不断发展与进步，已经成了一门体系完整的独立学科。虽然我国对儿童语言发展研究的起步较晚，但目前也取得了一定的成果。

（二）儿童语言学的研究内容

1. 描述儿童语言的发展过程

当前的学术研究现状是：对儿童语言发展基本过程的了解不够深入；对语言的一些子系统的发展过程的观察和描写都不充分；对儿童语音系统、语义系统的发展和儿童运用语言的情况的涉足还较少。

在我国，由于儿童语言学的起步较晚，加之发展较为缓慢，因此关于儿童语言发展的研究成果较少。无论哪一门科学，只有以对其研究对象的充分描述为基础，才能更好地揭示科学规律，解释科学理论。因此，李宇明（2004）认为："要对儿童语言发展的材料加以充分翔实全面的搜索和描述，这在相当一段时期内，是儿童语言学界的一项亟待解决的任务。"

2. 揭示儿童语言的发展规律

科学的目的不在于描述，而是以描述为基础，对科学规律进行总结，以实现其科学意义。

关于儿童语言发展的规律，目前学术界也给出了一些观点，如"前置的语法形式比后置的语法形式先掌握，无标记成分比有标记成分先掌握等"（桂诗春，1985）。但是，目前学术界所揭示的规律十分有限，规律所依据的材料也不全面，因此这些规律的普适性还有待于进一步检验。

值得提及的一点是，这些理论学说，以推理居多，而不是建立在为解决儿童语言发展的问题、在占有大量的第一手材料的基础上形成的。同时由于这些理论学说还比较片面，因此解释多是根据一定的学术观点做出的，与一定的学术派别有关。

综上可见，目前，对于儿童语言发展所作出的解释还处于假说阶段，现有的任何理论学说对儿童语言发展的解释还难以令人信服。

3. 探讨应用的理论和方法

科学的价值可以通过应用体现出来，同时科研成果的验证也离不开应用。儿童语言学，是一门基础学科，不一定要解决应用具体实践问题，但是这并不意味着可以忽视关于应用的理论和方法的探讨。对应用的理论和方法的探讨，可以通俗地理解为是对儿童语言学"有什么价值"和"怎样实现它的价值"问题的探讨。

（三）儿童语言学的研究方法

1. 儿童语言测验量表

儿童语言测验量表是心理学家通过一定程序编制的由一定数量测验题目组成的量表，其目的在于测验儿童的语言能力。常见的儿童语言测验量表包括皮博图画词汇测验（PPVT）、言语障碍鉴别测验、麦卡锡交流发展问卷等。值得提及的一点是，很多语言测验量表通常需要与其他量表结合使用，或者作为一些量表的分里表。

2. 临床法

皮亚杰的临床法通常可用以研究 3 岁以上的儿童的语言发展。临床法可以采用两种方法进行，一是观察法，主要用于记录托儿所内儿童在游戏时的"自发式"话语；二是实验法，主要用于检测儿童传递具体信息的能力。实验法的具体实施过程是：首先问儿童某一词的含义是什么，在儿童回答完后，研究人员根据他们的回答，再进一步提问，以明确儿童所回答的真正含义。由于有时候，儿童话语中存在一些有歧义的词汇，如果成人根据自己的理解来确定其含义，容易误解儿童的真实意义。因此，用临床法研究儿童的语言表达能力，有助于研究人员对儿童话语中所用词汇的真实含义进行充分理解。

3. 日记研究法

日记研究法主要用于研究儿童语言早期的表达能力。该方法的研究对象可以是一个儿童，也可以是几个儿童。在研究过程中，研究人员每天系统地记录儿童所说的话，并对所作记录加以分析，目的在于发现儿童语言表达能力的发展规律与特点。日记研究法具有以下几个优点。

（1）可以对儿童说话时的语境进行详细记录。

（2）可以对处于某一特定时期的儿童说话所用词汇的变化进行了解。

（3）可以掌握父母与儿童在不同时间内各自语言相互影响的情况。

但需要注意的一点是，日记研究法本身也存在一定的缺陷，如工作量大时，研究者在记日记的过程中，很容易夸大婴儿的语言能力等。

三、心理语言学

心理语言学是一门形成时间较短的边缘学科。作为一门新兴学科，心理语言学诞生于 20 世纪 50 年代，其主要研究的是语言活动中的心理过程。下面就对心理语言学展开分析。

（一）心理语言学概述

心理语言学的研究从 19 世纪末便开始了，这个时期出现的很多著作为心理语言学的产生奠定了基础，如德国心理学家普赖尔（Preyer）的《儿童心理》（The Mind of the Child，1882）、德国心理学家斯特恩（Stern）的《儿童的语言 M The Language of Chil-dsnl907）、美国心理学家奥尔波特（Allport）的《社会心理学》。

在心理学和语言学的不断发展下，两门学科相互进行融合，出现了很多专业字眼，如"心理语言学""语言心理学"等。

1953年,美国社会科学院的语言学和心理学委员会在印第安纳大学召开了一次学术讨论会,这次会议上的文件与报告由奥斯古德(Osgood)和西比奥克(Seboek)于次年汇编为《心理语言学:理论和研究问题的概观》,这个专集被理论界公认为是心理语言学问世的标志。

(二)心理语言学的研究内容

心理语言学的主要研究内容包括以下几个方面:

(1)思维与语言的关系,即到底是语言使用决定思维还是思维决定语言使用。

(2)语言在思维活动中的作用。

(3)语言习得的过程与途径。

对上述几个内容展开分析可以知道,心理语言学的研究方向包括语言理解、产生、习得、障碍、思维、认知等。下面对语言理解和语言习得展开分析。

1. 语言理解

心理语言学主张语言的相似性以及接触频率对语言理解和加工有着重要的影响。这就是说,通过拼写、语音等可以加深人类对语言的学习与理解。

提取和识别词汇、进行语法与句法分析、从语篇层面进行理解等都属于语言理解的核心环节,下面就来深入分析。

(1)单词辨识。单词辨识主要包括口头语单词的辨识以及书面语单词的辨识。

口语具有即时性强的特点,因此对这类词汇进行识别时可以采用集群模型、交互模型和竞争模型的方式。

在书面语中,语言结构之间存在一种对应映射关系,因此可利用词法内的形态结构来辨识、理解书面语词。

(2)句子理解。对句子的理解并不是指对句子中所包含词汇的含义的简单叠加。心理语言学认为,只有了解了句子的语法规则并理解句子中的隐含表达,才能真正理解句子的深层含义。一般来说,句子理解可以通过串行模型和并行模型进行。

需要特别说明的是,人们一般认为"并行模型"描述了处理器如何运用所有相关的信息并快速地评估一个句子所有可能的理解。

此外,在理解句子的过程中,人们通常会将已有的情境知识与语法知识有机结合起来。这也是理解句子的有效方式之一。

(3)语篇理解。语篇是按照一定的逻辑链条连接的,对语篇的理解一般会受到阅读者长时记忆与短时记忆的影响。

第一种为长时记忆。读者通过长时记忆积累了一定量的背景知识,当阅读材料中的信息与读者的长时记忆中的信息有明显语义关系时,长时记忆中的信息便被自动地激活,从而有助于提高理解的效率与质量。

第二种为短时记忆。读者在进行阅读时往往需要对文章线索进行提炼,同时还要对语篇中未出现的信息进行推测,这种提炼与推测活动在很大程度上受到读者短时记忆的影响。

2. 语言习得

语言习得是人类区别于其他物种的重要区别,同时也是心理语言学研究的重要内容之一。

瑞士心理学家 J. 皮亚杰（Piaget）认为:儿童的语言能力不是天生就有的,但其认知能力却是天生就有的。儿童借助认知能力,将从客观世界中获得的各种概念组成系列,从而获得了语言能力。一般来说,语言习得主要包括以下几个阶段:

（1）独词句时期。独词句时期指的是儿童学习发音后的两个月到一年的时期。这个时期的儿童可以说出一些简单的词汇。

具体名词,如 nose, boat, doll, car 等。

表动作的词,如 come, eat, up, off 等。

简单的形容词,如 cold, clean, more, less 等。

简单的社交常用单词,如 want, bye, yes, no 等。

对上述词汇的使用可以让儿童进行简单的语言交流。但由于儿童本身的差异性,因此独词句时期儿童的词汇掌握数量不尽相同。

（2）双词句时期。从一岁半开始,大部分儿童在语言习得方面都会有两个明显的进步:词汇量明显增大,掌握简单句法。

在这个时期,儿童对语言运用更加自如,语言使用的正确率也会提高。双词句时期的儿童可以利用双词句进行询问、评论、要求等语言行为。

（3）流畅会话时期。随着儿童语言掌握数量的增加,其句子使用频率上升,语言能力得到迅速发展,逐渐过渡到流畅会话时期。流畅会话时期的儿童表现出以下几个语言特点:

1）可以说出长而复杂的句子。

2）说出含有 what, who, where 等词的特殊疑问句。

3）可在句中使用 the, does, of 等非重读功能词。

4）会使用动词的变化形式,如 -edging 和 -s 等。

5）说出含有连接词、比较级、被动语态、关系从句等的较为全面的句子。

6）可以将两个句子进行合并或嵌入。例如,他们可以将双词句时期的 Big doggie 与三词句时期的 Give doggie paper 合并为 Give big doggie paper。

(三)心理语言学的研究方法

1. 自然观察法

对于很多自然产生的言语行为,如失言、语言习得等,具有操作层面的任意性和复杂性,也只有在其自然出现时才能进行观察,否则就会受到影响或者失真。因此,很多心理语言学家倾向于选用一种自然观察的方法来记录语言的发展。自然观察法具有以下方面的特点:

(1)直观性。这一特点是自然观察的优势所在,直观比主观臆断更为可靠。但是由于心理活动很难直观发现,还需根据表面所观察到的行为对其心理过程进行推断,因而也难以避免带有主观性的色彩。

(2)持久性。自然观察的过程通常时期很长,需花费大量时间、精力才能发现事物形式。

(3)形式性。这一特点是指观察的根本目的在于强调从随机的、个别的行为中发现规律性的现象并进行分析。

(4)不干预性。这一特点是指如实、客观地记录客观现象,不掺杂任何主观的因素。要做到这一点其实很有难度,主要是因为语言是心理活动和社会活动共同作用的结果,因而有的观察是对观察者参与语言活动的强调,既要参与又不要参与,这就需要观察者能灵活掌握。

2. 科学实验法

科学实验法指的是一种有控制的观察,它是自然科学所采用的方法。任何一种行为都是多种因素共同作用的结果。为了更好地认识不同因素的不同作用,就应将各种因素加以控制来专门操纵某一因素,让其做系统的改变来观察其作用。

以对外语教学产生影响的因素如教具、教材、教员、学员等进行分析,若想对其中的某一因素进行分析,如探讨学员年龄是否对外语学习产生影响,就应将教具、教材、教员等因素控制起来,使这些因素保持不变,并将学员分为若干不同年龄组,使各组的教具、教材、教员等情况大体保持一致。如此一来,学生成绩的变化就很有可能只与学员年龄相关。

事实上,自然观察法和科学实验法二者之间是相辅相成的。自然观察法比较适用于考察现象并发现问题,科学实验法则是对所发现问题的系统观察。如果能将这两种方法有机结合起来,并进行比较和对照,就能够由表及里深入事物本质进而发现其内部规律。

3. 计算机模拟法

计算机模拟法是信息处理法的进一步发展。随着计算机的普及，人们可以将复杂的逻辑和数学关系进行计算机模拟，并把模拟的结果和实验结果加以比较，来验证理论模型。

心理语言学的言语模型（即对言语行为所提出的理论和假设）可以呈现人类语言处理过程的精确度和操作性，而精确的描述往往需要从数学和计算机科学里借用形式化的标记。用信息处理的术语来说，形式化的模型需要规定一系列算法，故称为计算机模型。只要有合适的输入和适当的参数设置，计算机模型就可以进行计算，计算的结果可以印证基本理论所做出的预测。比如提出一个关于词语或句子的理解模型会导致对该词语的辨认或对该句子的解释。模型的行为应该和所观察的现实世界或实验条件的行为相似，把模拟的结果和实验数据比较可以引起对理论的进一步修订，而理论的修订本身又能带来模型的完善和更多的实验。因此计算机模拟有助于发展清楚明了、前后一致的心理语言学理论。

第三章 应用语言学与语言教学的整合

语言是人类的存在方式，也是人类文化的重要载体。我们既是语言的使用者，又是语言的学习者。语言教学不仅仅只是简单的语言符号的教与学，它更是一种文化的传播。应用语言学的理论对于语言教学具有重要的指导作用。因此将应用语言学与语言教学进行整合，这也具有重要的意义。本章就应用语言学与语言教学的整合进行探讨：先介绍语言教学的内涵，探讨对学习者的关注，并对应用语言学与语言整合的意义进行分析。

第一节 语言教学的内涵

一、教学

在教育中，教学是一个较为复杂的因素。对于教师而言，教学是一种教育活动；而对于学生而言，教学则是一种学习活动。"教学是一个师生互动的过程，是教师教的过程，也是学生学习并在学习过程中全面发展的过程，是学生在教师引导下掌握知识和技能、发展能力、发展身心和形成相关的情感态度及价值观的过程。"

教学活动是教和学的统一，离不开师生的共同参与，需要教师有计划地教与学生积极地学习。在师生互动的过程中，学生处于主导地位，而教师则对互动活动进行引导。作为学校教育最主要的教育活动，教学具有明确的目的性。

教学目的在不同的学习阶段通常表现为学习目标。在共同的教育目的下，不同的学科具有不同的教学目标，教学目标有领域和层次之分。

教学过程中要对一定的知识和技能进行传递，这些传递的具体内容一般表现为教学内容和课程内容。

从总体上来看，教学活动具有系统性和计划性，通常表现为教学计划和课程计划。

教学活动中的教学计划和课程计划通常由教育行政机构制订，有些计划也可以由学校或教师自行制订。

二、语言教学

语言教学是指："运用特定的方法，将语言知识和相关的理论通过教育者有目的、有计划地传授给学习者，以达到使学习者掌握一门具体语言并用于交际目的的教学活动，这是教育工作的重要组成部分"。

语言教学由本族语教学和外语教学，即由第一语言教学和第二语言教学组成。

关于第一语言教学的内容，不同的学者有不同的看法。一些学者认为，第一语言教学包括儿童语言的习得和学习两部分。还有一些学者认为儿童的第一语言习得活动不属于语言教学的范围，原因是语言教学是一种有计划、有目的、有特定方法的教学活动，而儿童第一语言的习得活动不具备这种特性。

第二语言教学是在第一语言教学的基础上进行的，是对第一语言能力的一种扩大。第二语言教学主要指对外国语言的教学，既包括中国内地对英语等外语的教学，也包括我国对外国学生进行的汉语教学。

除了本族语教学和外语教学，语言教学还包括双语教学和多语教学。在多民族聚集区，有些人从小就习得了至少两种语言，并用这些语言进行交际，因此双语教学和多语教学就是针对这种特殊情况而展开的教学活动。

语言教学作为一门独立的学科，有其独立的理论体系。语言教学不仅局限于整个教学活动，它还对语言教学的原则、方法等理论进行研究。语言教学的开展离不开教育学、教育技术学、学科教学论以及语言习得和语言认知等理论的支持，也离不开心理学、文化比较、语言对比等学科知识的支持。因此，作为语言教学的教学工作者和研究人员，应具备这些理论知识。

第二节　对学习者的关注

一、语言潜能

语言潜能是指学习外语的一种能力倾向。学生外语素质的提高，最重要的一点就是学生综合语言运用能力的培养，而语言潜能正是就学生的认知素质来对其学习外语的潜在能力做出预测。

不同的学生具有不同的语言潜能。在语言教学中，教师应了解学生的语言潜能，进行因材施教，使之结合不同的学习任务在不同场合发挥各自的优势，提高学习效果。相反，如果忽略学生语言潜能的差异性，采取统一的教材、教法，并以同样的要求对待学生的语言潜能，就会挫伤学生学习的积极性、主动性，降低学生的学习效率。

二、学习动机

（一）学习动机的定义

对于学习动机，不同的学者有不同的观点。

加德纳和麦金太尔（Gardner & MacIntyre）认为，学习动机主要包含三部分，即达到目标的愿望、朝着目标方向的努力以及对任务的满意度。

布朗（Brown）认为，学习动机是指选择所追求的目标并为之所付出的努力。

埃利斯（Ellis）认为，学习动机是学习者出于自身的愿望和需要，在学习外语时所付出的努力。

约翰斯顿（Johnstone）认为，学习动机是指向目标的驱动力。

文秋芳认为，学习动机可以简单地理解为学习英语的原因和目的。

何兆熊认为，学习动机是学习者的总目标和方向。

综合上述观点，可以将学习动机定义为：一种激发学生学习的活动以及促使学生朝着一定的学习目标前进的心理状态。

（二）学习动机的类型

学习动机的类型多种多样，至今尚未形成一个统一的分类，下面就其中常见的分类进行分析。

1. 融入型动机和工具型动机

著名社会语言学家加德纳（Gardner）和兰伯特（Lambert）将学习动机分为两类：融入型动机（integrative motivation）和工具型动机（instrumental motivation）。

融入型动机是指学习者对英语国家的社团文化非常感兴趣，因此想融入该社团的社会生活。

工具型动机是指学习者学习英语是为了某一特殊的目的，如奖学金或工作的获得、考试的顺利通过或者职位的晋升等。

根据上述定义可以将二者进行区分，融入型动机是主动的，因此会根据自身的需要制订英语学习的目标，达到英语学习的全面发展；而工具型动机是被动的，因此学习者会根据应用的不同而有所偏重，如学习者为了确保考试的顺利通过，就会注重读写能力，因此培养的方式并不全面。

需要注意的是，在语言学习过程中，两种动机是有可能同时存在的。对学习的影响作用，主要看哪种动机在学习中占据主导作用。

2. 内在动机和外在动机

德西（Deci）将学习动机分为内在动机（intrinsic motivation）和外在动机（extrinsic motivation）两种。

内在动机是指英语学习本身激发出学习者兴趣，从而保持英语学习的独立性。

外在动机是指英语学习是位于学习活动之外的，是由于外在的原因导致学习者不得不学习英语。

需要注意的是，内在动机和外在动机的划分也并不是十分绝对的，两种动机同时起作用的情况也是存在的。

3. 深层动机和表层动机

文秋芳根据刺激反应理论将动机分为深层动机（deep motive）和表层动机（surface motive）两种。

深层动机是指深层次的非物质刺激（兴趣或者增加知识等）产生的动力。

表层动机是指为了表面的物质刺激（如文凭、高薪金、好工作等）产生的动力。

动机不同对学生的影响作用也就不同。具有深层动机的学习者的目的是为了提高英语的知识和运用水平，因此他们对英语学习的要求相对就高，学习英语的热情也相对较高且持久。表层动机的时间一般是有限定的，随着刺激的停止，动机也就相应停止了，因此持有表层动机的学习者懒惰性比较强，对英语学习的要求也并不是很高。但是，由于深层动机和学习者的兴趣关系密切，所以当学习者的学习兴趣减弱时，他们的深层动机就会自然地转化成表层动机。

（三）学习动机对语言教学的启示

1. 激发学生的学习兴趣

心理学家布鲁纳（Bruner）认为，学习者学习的内部动机是学习过程中的真正动力。

在学习动机中，学习兴趣是最为活跃和最为现实的心理成分，它对学习者的大脑这部"机器"的工作效率起着决定作用。对学习感兴趣的学生往往喜欢学习，将学习看作是一种愉快的体验，这种体验会增加学习动机的强度。反之，对学习不感兴趣的学生通常厌烦学习，认为学习是一件苦差事，这种情绪会降低学习动机的强度。

因此，语言教学中，教师要注意激发学生的学习兴趣，"就是要竭尽全力使学习者对所学对象产生强烈的兴趣，从而吸引他们去认识它、接近它、获得它，并对它产生愉快的情绪体验"（严明，2008）。学习兴趣具有定向性和动力性的特点，学习者愿意学习的兴趣决定了其定向性，而学习者的兴趣直接转换为一种驱动力则是其动力性的表现。

动机与兴趣具有密切的关系，二者相互依赖、相互促进，兴趣是动机的保证。

2. 创设语言情境

杜威（Dewey）曾提出："为了激发学生思维，必须给学生一个实际的经验情境。"语言情境对运用语言交流而言是一个不可或缺的因素。在语言教学中，教师应尽量创造一个良好的学习氛围或情境，让学生在语言情境中逐渐积累语言知识。

对于英语学习而言，适合的语言环境有很多，如英文网站、英语演讲、英语广播、电影、夏令营、英语角等。教师应引导学生充分利用这些环境，置身其中，在潜移默化中受到环境的影响，更多地认识英语，并习惯英语思维方式。长期下来，学生就会乐于接触英语，并决心学好英语，只有这样才能使学生学习英语的动机得到最大限度的激发，从而积极主动地学习。

3. 正确对待成功与失败

一般而言，成功的体验往往使人增加自信，给人带来成就感，增加学习动机的强度；而失败的体验容易使人产生焦虑的情绪，引发自卑感，降低学习动机的强度。

对于语言学习而言，失败是难以避免的，关键是遇到失败时要以正确的态度对待，认真分析失败的原因，找出改进方法，而不因暂时的失败而灰心，学会克服学习中的困难和因失败产生的不良情绪。

4. 充分发挥学习反馈的作用

在语言教学中，教师应注意提供学习反馈。反馈主要有以下两个方面的作用。

（1）激励作用。学生了解了自己学习的进步，可以增强自信，发现自己学习中的不足，可以鞭策自己更加努力地学习。

（2）提供信息。反馈可以帮助学生证实其正确或错误的认识，澄清模糊的认识。反馈也可以使学生对哪些部分已掌握、哪些部分还未掌握做出区分，使今后的学习更有针对性，从而促进学习效率的提高。

需要注意的是，反馈应做到及时、充分，以便有效地促进学生的学习。学生应及时并积极地面对反馈信息，这对学习动机的增强十分有利。研究表明，可以得到学习结果反馈的学生，其学习动机能量大于不能得到学习结果反馈的学生，前者的进步也更快一些。通过阶段性的检查，及时得到自己学习情况反馈信息的学生，其学习更有针对性，学习动机也会不断增强；相反那些在学习很长一段时间之后仍不知道学习进展情况和所取得的成绩的学生，其学习热情就会减弱，学习动机的强度也会随之降低。

三、学习风格

（一）学习风格的定义

关于学习风格的定义，国内外学者有着不同的观点和看法，下面主要对其中比较有代表性的定义进行分析。

帕斯克（Pask）认为，学习风格是指在学习过程中学生倾向于采取某种策略的方式。

丽塔·邓恩和肯尼斯·邓恩（Rita Dumn & Kenneth Dumn）认为，学习风格是学习者掌握和记忆新知识时所表现出来的方式。

斯滕伯格（Sternberg）认为，学习风格其实并不是一种能力，而是一种差异，是个人运用能力的偏好形式。他对学习风格的特征进行了如下总结：

（1）一个人可以具有多种学习风格。

（2）学习者的学习风格可以进行适当的变通。

（3）风格并不是一种能力，而是能力使用的偏好方式。

（4）风格与能力可以构造出一个整体并相互配合。

（5）对于同一类型的风格的偏好也存在着差异性。

（6）学习风格没有好坏之分，时间、场合不一样，评价也就不一样。

凯特·肯塞拉（Kate Kinsella）认为，学习风格是指在接受、加工并储存信息的过程中，学习者所采取的习惯或者自然的一种偏爱方式，具有独特性和持久性的特征。它不仅能够反映出个体的生理特征，还能凸显环境对个体所造成的影响。

谭顶良认为，学习风格是学习者持久性的带有个性的一种学习方式，是学习倾向性和策略性的统一体。

胡斌武认为，学习风格是指在长期的学习过程中，学习者所具有的并表现出来的一种充满鲜明个性色彩的学习倾向和学习方式。

不同的学者从不同的角度对学习风格的界定是不同的，但是这些定义都具有一定的共同之处，可以总结为以下几点。

（1）学习风格是个人经验与环境交互作用的结果。

（2）学习风格是个人学习能力的偏好。

（3）学习风格具有稳定性、独特性以及一致性。

（4）学习风格在一定的条件下是可以发生变化的。

（5）学习风格的种类丰富多样，并且没有好坏、优劣之分。

（二）学习风格的类型

1. 认知方式

认知方式是指人们组织、分析和回忆新的信息和经验的方式。

根据认知方式的不同，学习风格也可以分为三种类型：整体型与细节型、场依赖型与场独立型、左脑主导型与右脑主导型。

（1）整体型与细节型。从接受信息的方式进行划分，可以将学习风格分成整体型和细节型两大类。

整体型的学习者善于整体、全面地看待并解决问题。通常这样的学习者的准确性、深刻性相对较低，然而模糊性和直觉性却相对较高。当遇到不懂的概念或者不熟悉的词汇时，学习者也能顺利地与其他人进行交流。

细节型的学习者善于对具体信息进行记忆、逻辑分析以及理解，在分析的过程中，学习者善于将整体的信息划分成若干的小节来进行学习，这样的学习方式使学习者能够发现不同实体的差异。

（2）场依赖型与场独立型。场依赖与场独立是指学习者对自身的依赖程度，这其实是两种截然不同的处理信息的倾向。场依赖型学习者一般会受外界的干扰，因此主要依靠教师或者同学提供的信息从整体进行思考，并不善于独立思考和解决问题。

场独立型学习者一般不会受到外界的干扰，他们习惯运用自己独立的思维去理解和分析问题，能够从一个个细节去考虑问题。

通常来说，场依赖型学习者比较善于社交，而场独立型学习者比较善于分析。但需要注意的是，二者并不是不可联系的，大多数学习者还是介于二者之间的。

（3）左脑主导型和右脑主导型。根据人们对左右脑信息处理的偏好，学习者可以分为左脑主导型和右脑主导型两类。

左脑主导型的学习者喜欢关注信息或者事物的细节，这种学习者比较擅长逻辑分析，并能够收到较好的学习效果。

右脑主导型的学习者喜欢抓关键、大意，并且十分相信自己的直觉，常具有很强的灵活性。这样的学习者往往会对音乐、绘画等艺术充满兴趣。

2. 感知方式

感官是学习者在学习过程中经常会用到的，而且每一位学习者都有其自身偏好的感官及学习方式。

按照感知方式，可以将学习风格分为听觉型、视觉型、动觉型三类。

（1）听觉型。听觉型是指用耳朵进行学习，通过"听"就可以了解信息，因此教师的口头教学和听力教学对于他们来说都可以获得较好的学习效果。一般情况下，这一类型的学生喜欢听录音、广播、对话以及报告等。

听觉型的学习风格存在着一定的局限性，他们习惯并能轻松地理解教师口头讲授的内容，但是他们却不善于书面写作。听觉型的学习者喜欢在有声的环境中参与小组活动或学习。

（2）视觉型。视觉型是指用眼睛进行学习，通过"看"就可以了解信息，直观形象的视觉材料能够在学习者的脑海中形成清晰的视觉形象。这种视觉型风格主要是通过看书、看黑板、看影像等就能获知信息从而达到良好的学习效果。

视觉型的学习者具有很强的学习独立性，在学习过程中，他们不习惯教师单纯地以口头传授知识的方式，他们更倾向于教师利用板书或多媒体工具进行教学，给他们一个自我感知并自由想象的学习空间。

（3）动觉型。动觉型是指用实践进行学习，在实践的过程中获取新的知识，也就是说他们习惯于去尝试富于挑战性的活动，并愿意去执行计划，在亲身的实践中体会到无比的快乐。这种类型的学习者更喜欢参加课外活动，如角色扮演、实习等，在参加这些活动的过程中得到良好的学习效果。

3. 个性特点

从学习者的个性差异来进行分析，学习风格又可以分为三种：外向型与内向型、开放型与封闭型、随机直觉型与具体程序型。

（1）外向型与内向型。外向型的学习者一般性格开朗、善于交流、兴趣广泛。在英语课堂上，他们也是非常积极的，愿意参与提问、回答、小组活动、讨论、角色扮演等活动。他们能够运用一切可以接触英语的机会来使用英语，并且善于表达自己的思想，不惧怕任何英语学习的困难，因此外向型的学习者具有较高的口语表达能力。

内向型的学习者一般情况下比较喜欢独处，兴趣并不是很多，也不善于与人进行交流。在英语课堂中，他们总是习惯于独立地思考问题，不愿意参加小组的活动，而是自行解决与实践。一般情况下，这样的学习者比较害怕出现错误，因此内向型的学习者在语言结构或语法学习方面具有很强的学习和理解能力。

（2）开放型和封闭型。从接受信息的方式来说，学习者的学习风格有开放型和封闭型两种。

开放型学习者一般情况下善于收集外部信息，对信息进行总结，但是并不急于做出结论，只有具备了充足的材料他们才会下结论。他们更习惯于顺其自然，并且容忍歧义的存在，不受规则与实践的界定，喜欢发现式学习。

封闭型学习者一般善于做出结论或者决策，通过制订计划以及期限来完成特定的任务。他们不能容忍歧义，不能接受模糊，总是希望得到明确的指令以及详尽的讲解。

（3）随机直觉型与具体程序型。根据加工信息的方式，学习者的学习风格可以分为随机直觉型与具体程序型两种。

随机直觉型学习者比较偏爱推测，善于发现事物或者任务的规律，善于抽象思维方式。

具体程序型学习者习惯于按部就班，通过使用各种记忆策略来严格按照指令做事，善于追求真理。

（三）学习风格对语言教学的启示

通过上面的内容可知，学生在学习风格上有着很大的差异。教师必须注意这一点，并根据学生的学习风格采取相应的教学策略，帮助学生扬长避短，从而提高语言教学的质量。具体来说，教师应该做到以下几个方面：

1. 尊重学生的学习风格

在语言教学中，尊重学生的学习风格要求教师要做到以下两点。

（1）树立学习风格的性质差异教学观念。既然学生的学习风格具有独特性和稳定性，教师就要让学生尽可能地按照自己的风格进行学习，让他们学得更轻松，使他们更多地体会到成功的喜悦，增强学习的动力和学习热情，而不是企图改变他们的学习风格。

（2）给予学生更多的人文关注。由于学习风格具有多维性，所以教师要辩证地看待自己的教学风格和学生的学习风格之间的关系，树立公平、公正的教学观念，平等对待每一种学习风格的学生。

2. 采用多元化的教学策略

为充分发挥学生学习风格的优势，教师可根据学生们不同的学习风格，灵活地调整课堂活动，提高学生参与课堂活动的积极性。例如，对于视觉型的学生，教师可鼓励他们多阅读，并将语言材料以实物、图形、书写符号等形式呈现出来；对于听觉型的学生，教师可多选择一些视频、音频材料，并注意口头传授知识；对于动觉型的学生，教师可多设计一些情境，让学生参与其中，同时展示有关的语言材料，增进他们对语言材料的理解和吸收。

3. 丰富、拓展学生的学习风格

任何一种学习风格都无法适用于所有知识的学习。学生若固定地只使用一种学习风格，必然会在某些方面失败。虽然学习风格具有一定的稳定性，但同时具有一定的可塑性。因此后天的经验和训练对学习风格的塑造起着很大的作用。

在语言教学实践中，教师一方面要实施与学习者学习风格一致的教学策略，另一方面也要注意实施与学习者学习风格不一致的教学策略，通过这种方式来拓展学习者的学习风格。例如场独立型学习者习惯使用元认知策略，自学能力较强；场依赖型学习者习惯使用社交策略，交际能力较强。根据这种差异，教师可有针对性地采用适配的教学策略，即用社交策略训练场独立型学生，用元认知策略训练场依赖型学生，弥补学生学习风格的不足，拓宽学生信息接收的方式和渠道，增强学习的动力。

四、语言学习策略

（一）语言学习策略的定义

关于语言学习策略的概念，国内外研究学者的观点可谓见仁见智。下面就结合几种比较有代表性的观点进行分析。

根据斯特恩（Stern）的观点，语言学习策略主要指的是学习者自觉参与到一定目标的活动。

Faerch Claus and Casper 认为，语言学习策略是发展目标语言学以及社会学能力的一种尝试。

Bailystok 指出，语言学习策略是利用信息提高语言可选择性的方法，后来又修正为提高使用语言能力的各项活动。

语言学习策略是学习者为了更好地达成学习第二语言的目的而所进行的计划。安排、监控、执行、评价自己在英语学习过程中的听说读写译等活动，并做出相应补救措施的一系列步骤。

语言学习策略既包括内隐的学习规则系统，又包括外显的学习技能和方法。它不仅是对信息进行获取、储存、提取、使用的一系列加工过程，而且也是这一具体的信息加工过程的监控以及调节的过程。

（二）语言学习策略的分类

关于语言学习策略的分类，国内外学者都进行了研究。

1.国外关于语言学习策略的分类

（1）鲁宾关于语言学习策略的分类。鲁宾（Rubin）关于语言学习策略的研究可以说在众多研究领域中处于领先地位。鲁宾对直接促进语言学习的策略和间接促进语言学习的策略进行了明确的区分。

根据鲁宾的观点，语言学习策略可以分为三种类型：学习策略、沟通策略、社会策略。

学习策略是指对学习者的语言系统发展有直接的促进作用并由学习者自己构建的策略，这一策略又具体包括认知学习策略和元认知学习策略这两大类型。

认知学习策略是指学习者直接分析、转化或合成语言材料以及学习或解决问题时所采用的操作方法或具体步骤。鲁宾又将对学习者的语言学习的认知策略起促进作用的认知学习策略具体分为澄清核查、实践、演绎推理、检测、背诵、猜测或归纳推理六种类型。

元认知学习策略是指学习者借助于这种策略来监督、规范或指导其自身的语言学习，元认知学习策略涉及各个流程，如计划、设定目标、优化、自我管理等。

语言学习有时和参与会话的过程、理解以及澄清说话者的意图并不直接相关，因而当会话者面临或遭遇对方误解或沟通目的超越沟通方式等困境时，往往需要借助沟通策略来解决。

社会策略具体指的是能给学习者提供操练机会接触操练语言知识的活动。虽然社会策略能给学习者提供接触目的语的机会，但是仅仅是间接地对学习者起到帮助作用，这在很大程度上是因为社会策略并不直接导致语言的获取、存储和使用。

（2）奥克斯福德关于语言学习策略的分类。奥克斯福德（Oxford，1990）认为，语言学习策略旨在培养学生的交际能力。他将语言学习策略大体分为直接学习策略和间接学习策略。

直接学习策略可分为以下三种策略：

第一，记忆策略。如运用图像和声音、创建心理联系等。

第二，认知策略。如分析和推理、操练等。

第三，补偿策略。如克服口语、写作上的缺陷等。

间接学习策略可分为以下三种策略：

第一，元认知策略。如安排和规划学习。

第二，情感策略。如鼓励学习者、降低学习者的焦虑等。

第三，社会策略。如移情、与他人合作等。

通过对奥克斯福德的语言学习策略分类进行分析，不难发现其关于语言学习策略的分类研究是以广义上的语言学习策略的概念为基础的，这一分类超越了语言的认知过程。

（3）奥马莉关于语言学习策略的分类。奥马莉（Omalley，1990）等人将语言学习策略分为三类：元认知策略、认知策略以及社会情感策略。

元认知是一个专门用于表达行政职能的术语，它是需要有学习规划的策略。元认知策略还指在具体的语言学习过程中，仔细思考整个学习过程，对学习者自己的输出或理解进行监测并在一项学习活动完成后对学习作出评价。元认知策略又包括自我管理、有意注意、滞后的语言输出、选择性注意、职能规划、自我评价等。

认知策略更局限于具体的学习任务，且涉及更为直接的关于教材的处理。具体包括翻译、扩充资源、演绎、详尽阐述、推理、记笔记、分组等策略。

社会情感策略通常与学习者参与社会活动的调解或处理他人的事物活动存在着密切的联系。例如，合作和澄清问题就是比较常见的社会情感策略。

（4）斯特恩关于语言学习策略的分类。斯特恩（Stern）将语言学习策略大体分为五类：管理和规划策略、认知策略、人际关系策略、情感策略、交际体验策略。

管理和规划策略与学习者确定自己的学习意图存在着密切的关系。在将这一学习策略运用于学习者的学习过程中时，教师可充当顾问或资源提供者的角色，在教师的帮助和配合下，学生负责开发自己的学习项目。运用这一策略时学习者应做到以下几点：

其一，学习者应决定自己对语言学习应做什么样的具体承诺。

其二，为自己定下明确、合理的目标。

其三，运用恰当的方法，选择合适的资源并检测进展。

其四，依据先前所确定的目标、愿望，对他人的成就做出评价。

斯特恩认为，认知策略是指用于学习或解决问题时的步骤、行动等。这一策略要求学习者直接分析、转化或合成学习材料。比较常见的认知策略有演绎推理、澄清、核查、背诵和监测等。

人际关系策略是指学习者应监控自己的发展并对自己的表现进行评价。这一策略要求学习者与操母语者接触并尽可能地与操母语者合作。同时，这一策略还要求学习者熟悉目标语文化。

高效的语言学习者还善于采用独特的情感策略来辅助自己的学习。也就是说，语言学习者还应充分考虑语言学习过程中的情绪情感因素，努力营造利于外语、操作者以及所涉及学习活动的积极情感因素。通过这种情感的培养，学习者可以更好地面对情绪困难。

交际体验策略是指一些常用的委婉、解释的沟通、要求重复、意译以及手势等策略的运用等。这一策略是学习者用于使交谈得以持续的技巧。

2. 国内关于语言学习策略的分类

国内也有一些学者对语言学习策略的分类进行了研究，这里结合程晓堂和郑敏对语言学习策略的分类进行分析。

程晓堂和郑敏结合我国的英语教学实际，将语言学习策略具体分为四类：认知策略、元认知策略、情感策略以及交际策略。

（1）认知策略。这一策略主要是根据具体情况进行预习、在学习过程中集中注意力、记要点并进行积极思考等，或者利用图画等非言语信息理解主题。同时，还要注意学会在语言学习的过程中发现语言规律并运用规律举一反三，让自己在语言运用的过程中能对所犯的错误有充分的认识，能进行适当的纠正。

（2）元认知策略。元认知策略主要包括在学习中借助于图表等非语言策略来理解、表达、明确自己在英语学习时的目标、需求等，并制订相应的学习计划，明确自己在英语学习过程中的进步和不足，积极探索适合自己的英语学习方法，让学生养成主动拓宽英语学习的渠道的习惯，知道在学习过程中如果遇到问题如何获得帮助等。

（3）情感策略。情感策略主要包括有意识地培养学生英语学习的兴趣、对待英语和英语学习的态度、监控并调整英语学习中的情绪、在交际中善于表达自我的情感并善于理解他人的情感等。

（4）交际策略。交际策略主要包括在具体的交际过程中将注意力集中在思想表达上，善于利用各种机会用英语进行交际，在课外活动中积极用英语与同学交流和沟通。

（三）语言学习策略与自主学习

近年来，在外语教学中教师对培养学习者的自主学习能力给予了极大的关注。自主学习是指学习者制订学习目标、自我监控、自我评估的主动性学习。自主学习与学习策略存在紧密的联系。

齐默曼（Zimmerman）等人（1989）提出的自主学习模式包括四个环节：自我评价与监控、目标设置和策略计划、策略执行与监控、对策略使用的效果进行监控。

这四个环节均与学习策略有密切的关系，具体涉及认知策略和元认知策略。因此，个体要做到自主学习，就需要掌握一定的学习策略，并且在学习过程中可以对这些策略进行有效的运用。

有研究表明，语言学习策略培训对外语自主学习能力的培养至关重要。通过掌握和运用学习策略，语言学习者能更独立、更自主。"学习策略，作为自主学习能力的一部分，其能力的形成使真正意义上的自主学习成为可能。"

研究学习策略的目的在于探索如何使学生成为自主、有效的学习者。只有学习者形成和具备运用学习策略的能力，才能做到真正意义上的自主学习，学习者使用学习策略的意识越强，自主学习的过程就越完整，学习效果就越好。

需要指出的是，学习策略是过程，不是目的，培养自主学习能力才是最终目的，所以学习策略的培训主要是为了强化自主学习能力。因此，在外语教学实践中，教师应该有意识地把学习者学习策略的训练与强化其自主学习的能力结合起来，促使学习者尽快地实现真正意义上的自主学习。

五、焦虑

焦虑是指个体因担心自己不能克服障碍或无法达成目标而使内疚感和失败感增加、自信心与自尊心受挫而产生紧张不安情绪的一种心理状态。

学习焦虑是学生对学习结果产生担忧的一种情绪体验和情绪反应，主要表现为害怕课堂上被提问、对考试的担心与恐惧、惧怕老师或家长的否定，严重的甚至会出现失眠、做噩梦等现象。

学习焦虑会对学生的行为、认知、身体状况乃至精神状态产生明显的影响，关乎学生的学业成就。

具体而言，焦虑会对学生的学习活动产生以下危害：

（1）焦虑会使学生的注意力分散，严重影响学生对有关信息的掌握。

（2）焦虑会影响学生对学习策略的有效使用。

（3）焦虑会影响学生对考试策略的有效运用，学生在焦虑的情绪状态下不能很好地应用已掌握的内容解答问题。

外语学习中的焦虑主要是指学习者在学习或使用外语时所产生的恐惧心理。焦虑既是一种心理状态，也是一种心理素质，这种心理素质会直接影响外语学习。

焦虑在外语学习中通常表现为课堂焦虑、测试焦虑以及交际焦虑。

（1）课堂焦虑是指学习者在课堂上会担心自己的语言水平和能力落后于其他同学，担心自己会完不成学习任务。

（2）测试焦虑是指学习者由于自身语言能力不足或曾受失败经历影响而担心自己会在考试中失利所产生的紧张情绪。

（3）交际焦虑是指学习者在使用目的语进行交流时会担心自己不能很好地表达自己的意思，因而产生的恐惧心理。

外语学习的焦虑对于学习者的自尊心、自信心、外语交际能力、外语学习过程与学习成绩都会产生焦虑心理。学习者一旦产生焦虑心理就会在外语学习中表现出退缩与逃避，这对学习者外语水平与外语能力的提高极其不利。

因此，教师在设计教学内容时应充分考虑到每一位学生的个性和特点，组织好课堂的每一个环节，学习内容要有针对性和条理性。对学生要多鼓励，宽容对待学生的错误，让学生有体验成功的机会，从而提高外语学习效率。同时，教师应合理安排考试、测验以及作业的时间和内容，把握好难度和效率。

六、自我效能

自我效能是社会学习理论的创始人班杜拉（Albert Bandura）提出的一种动机理论。自我效能是指"个体在执行某一行为操作之前对自己能够在什么水平上完成该行为活动所具有的信念、判断或主体的自我把握与感受"。

自我效能具有以下功能。

（1）自我效能会对个体的行为选择以及对所选行为的努力程度与坚持性产生影响甚至是决定作用。自我效能高的学习者在学习过程中一般能够勇敢地面对困难和挑战，在困难面前能够坚持自己的行为，并努力战胜困难；而自我效能感弱的学习者则具有相反的表现。

（2）自我效能会对个体的情感反应模式和思维模式产生影响，从而影响个体对新行为的习得。通常而言，自我效能感强的学习者在学习过程中往往更加自信，能够很好地掌控环境，解决各种问题和困难；而自我效能感弱的学习者则相反，甚至会产生焦虑和恐惧等情绪。

自我效能会影响学习者对学习策略的运用。这是因为只有学习者认为自己能够有效地使用学习策略时，他才会将学习策略运用到学习过程中，反之，则不会。自我效能会影响学习者对具体学习策略的选择。这是因为个体往往倾向于选择自己所能掌控的环境，而对于自己无法掌控的环境和活动通常都是回避的。当学习者在进行一项学习任务时，一般会选择自己熟悉并能有效运用的学习策略。

自我效能对学习者自主学习具有重要的影响。自我效能感强的学习者会为自己设置较高的学习目标，对学习过程的调节能力较强，他们会在不断地学习挑战中提高语言水平和语言能力。

七、自我概念

自我概念是指个体对自身的态度、情感以及观念所组成的混合体。简而言之，自我概念就是个体对自己的综合看法。自我概念是个体身心发展的重要标志，会对个体的行为进行自我调节。

积极的自我概念能够促进个体从各个角度对自己进行了解、认识、接受和评价；能够帮助个体产生自信心和自尊感，认识到努力的重要性；能够激发个体的求知欲；有利于个体建立良好的人际关系，树立积极的人生态度。

自我概念对于语言教学来说同样有着不可忽视的作用。因此，教师要充分重视自我概念的重要作用，在语言教学过程中，及时了解学生的不同需求，因材施教，引导学生形成稳定的、正确的自我概念，使外语教学顺利进行。

第三节　应用语言学与语言教学整合的意义

一、明确教学问题

应用语言学的产生和传播使很多学者与教育者意识到语言教学的真正意义，同时这对我国英语教学中的一些问题开始给予关注。

我国的英语教学活动已有一段较长的历史，且逐渐形成体系。然而，受应试教育思想的影响，我国英语教学的现状依然不容乐观，存在一些问题，主要可归纳为以下两个方面。

（1）对语法的正确性太过重视。我国很多英语教学的内容都是刻板的标准英语，过于重视语法使用的准确性，从而对语言本身的灵活性与沟通性产生了一定的阻碍作用。

（2）忽视对学生英语语言应用能力的培养。传统英语教学往往忽视口语教学，相当多的学生在卷面考试中可以不错的成绩，但缺乏应用能力，不能用英语展开交流。

这两个问题在过去的英语教学中一直存在，即使是在现在的教学中也依然留存着这些问题带来的影响，而应用语言学与语言教学进行整合，让很多教育者了解了英语教学中存在的问题，意识到英语教学改革的必要性。

二、指导教学改革方向

我国的英语教学需要改革，但是改革并、非盲目进行的。改革若没有方向，将会降低教学的效率。结合我国教育发展的现状，应找到更加合适的教学改革方向。应用语言学对此给出了一些有价值的答案。应用语言学并不是单方面地强调语言的"应用性"，也强调语言的"学科性"，灵活地应用应建立在坚实的基础上。所以，英语基础知识的教学必不可少，但是在此基础上，还需要对教学内容进行适当的修改与调整，且改革重点应放在英语教学的方式上。英语教学的内容应该更加重视"听、说、读、写"的结合，教师在教学时不应该只注重语法。在教学方法上，教师应尽可能地采用更灵活的教学方式，为语言课程增添活力。

应用语言学的教学思想为我国的英语教学改革指明了方向，在此基础上，对一些教育教学措施的制定产生了一定的影响，从政策与教学方法两个层面逐渐开始了英语教学的改革。

应用语言学研究日新月异、迅速发展，无论在国际上还是在国内，从事应用语言学研究的人数逐渐增多，有关的科研成果层出不穷。应用语言学研究的进一步深入，对我国的外语教学将大有裨益。

第四章　应用语言学视域下的当代英语词汇教学新探

作为英语教学的重要组成部分，英语词汇教学也与应用语言学有着紧密的联系，将应用语言学理论运用于英语词汇教学中，对提高英语词汇教学质量以及培养学生的英语词汇运用能力具有重要意义。

第一节　词汇的性质与英语核心词汇

一、词汇的性质

"词汇"并不是一个具体的词或固定词组，而是一个集合概念，即语言中全部"词"和"语"的总和。因此，英语词汇就是指英语中全部的词和固定词组，既包括本族词又包含外来词。如果人们对"词"和"词汇"的概念不是很了解，那么就很容易将二者混淆，事实上，词与词汇的关系是个体与整体的关系，如某种语言包含很多词，但仅有一个词汇系统。

这仅是对词汇定义的大致解释，其实关于"词汇"一词的定义还有很多其他的说法。"词汇"不仅可以指某一门语言的全部词汇，而且可以指某一特定历史时期的全部词语，如古英语词汇、中古英语词汇和现代英语词汇等。另外，"词汇"也可以指某一种方言、某一本书甚至某一学科的词汇。此外，"词汇"也可以指某个人所掌握的词汇量。

综上所述，词汇并不是指个体的词语，而是指一个类别或范围的词语。

二、英语核心词汇

（一）核心词汇的定义

高频词汇的重要性毋庸置疑，核心词汇在某种程度上与高频词汇相当，但又不完全等同，因为词汇出现的频率只是确定核心词汇的重要依据之一。但我们又无法否认，就是因为某些词是核心词，它的使用频率就比较高，因此这两者之间应该是"约等于"的关系。内申（Nation）对高频词重要性的阐述也同样适用于核心词汇。

对高频词汇和核心词汇的研究可以追溯到撒迪克（Thorn-dike）和拉尔（Lorge，1944）的 The Teacher's Word Book of 30,000 Words 这个词汇表展示了在含一百万个词汇的文本中词汇出现的频率和使用频率，成为多系列名著简写版本的词汇选择来源。美国学者斯瓦迪思（M.Swadesh）挑选出 200 个词，编制了《两百词表》，其选择原则是一些与生活环境和物质文化条件无关的、不易受另一个语言影响的基本语根语素。此后，斯瓦迪思（M.Swadesh）在这两百个词的基础上选出了 100 个词编制了《百词表》，在历史语言学研究中广为使用。1953 年，迈克尔·维斯特（Michael West）制定出《英语通用词表》，该词汇表有 2000 个单词，包括了使用频率和语义用法。如果能学会这 2000 个单词就可以读懂 80% 的书面文字。库瑟拉和弗朗西斯（Kucera & Fra-cis，1967）以及 Carrol 等人（1971）对高频词汇的总结是以电脑统计为方法，并根据使用频率将词汇排序，后者还对词汇的使用范围给出了详细的信息。

然而，正如高频词的确定具有很大的难度，核心词汇的命名与界定同样也有不同的方法和有不确定因素。用来表达"核心词汇"这个概念的术语也有不同，如斯特恩（Stein，1979）用 nuclear vocabulary 来命名核心词汇，而卡特（Carter，1987）用的是 core vocabulary。斯大林曾在《马克思主义语言学问题》提出了"基本词汇"（Basic English）的概念，认为在一种语言的词汇中，重要东西就是基本词汇，其中也包括成为它的核心的全部词根。詹姆斯·莫里（James Murray）提出的术语是"普通词汇"（common vocabulary）。目前还没有客观的实验标准来给这些术语以明确的区分。汪榕培（2000）认为，核心词汇就是"最基本和最简单的词汇"。"最基本"，主要因为这些核心词汇可以基本满足日常生活的一般语言交际。"最简单"，主要因为这些核心词汇的形态简单，是最容易学、最容易懂、最容易记忆的短词。更重要的是，这些词汇都具有原型特征。

（二）核心词汇的特点

我们每天身处的世界千姿百态。大脑为了充分认识这个纷繁复杂的客观世界，就必须采取最有效和有序的方式对其进行分析、判断和归类、并储存和记忆。这个过程就是范畴化。这个范畴化的过程让我们具有形成概念的能力，并赋予语言符号以意义。容斯（Rosch）认为范畴化有两个基本原则：一是功能上达到认知经济性，范畴系统必须以最小的认知投入提供最大量的信息；二是在结构上，范畴系统提供的最大量的信息必须反映出感知世界的结构。核心词汇就是基本范畴词汇，是茫茫辞海中的原型。

在结构上，它们是人类经验的结晶，反映的是人类对客观世界结构的感知。在认知经济上，核心词汇能帮助我们有效地扩大词汇量。

陈建生（2008）指出，作为人类认知客观世界的成果，基本范畴词具有以下几个原型特征。

（1）历史稳定性。基本范畴词比语言词汇范围窄小得多，可它们的生命却长久得多，它们在历史长河中长期生存着，生命力强，变化缓慢，并成为构成新词的基础。现代英语中的大部分词汇早已被法语和拉丁语代替，而仅剩的一小部分核心词汇在英语运用中的分量远远超过它们在整个英语词汇中的比重。这些核心词汇，如 hand, bed, cloudy, cloth, daughter 等，可以追溯到 1000 多年前盎格鲁·撒克逊语言，仍然占英语最常用的 1000 个单词的 80% 左右。

（2）使用全民性。基本范畴词表达的概念都是人们在日常生活中反复接触的，它们的使用不受人们的阶层、地域、行业、文化水平、年龄、经历的限制。基本范畴词的全民性特点是它历史稳定性的基础；反过来，基本范畴词的历史稳固性也为现实的全民性奠定了历史根基。

（3）功能的基本性。词的基本功能，主要是给事物以称谓，给概括事物的概念以形式。基本范畴词汇称谓的事物、表达的概念都是人们日常交际中最必要的东西，因此它们的使用范围广、运用频率高。也正因为如此，它们才具有强大的稳固性和使用的全民性。基本范畴词汇承担了词汇称谓功能的基本内容和基本任务。

（4）强大的构词能力。虽然基本范畴词具有稳固性，但随着社会的发展，词汇系统必须也必定会不断补充新词，丰富词汇的内容，保证其旺盛的生命力。新词的创造总是以现有的词语为材料。基本范畴词，包括所有的词根，具有很强的构词能力，成了词汇增长的基点。新词最常见的构词法合成法（compoun- ding）就是把两个或两个以上的独立的简单词结合在一起构成的，如 spacewalk, website, blackhole, Walkman, homepage, photoscan, Watergate, keyboard, audiovisuals 等。另外，基本范畴词还可以通过拼缀法（blending）组合两个或多个词的部分音节构成新词。

核心词汇作为人类发展史上主要的交流媒介，不可避免地带有人类认知的原型特征。同时，在语言的使用过程中，核心词汇还具有鲜明的语法和语义上的特征。卡特（1987）通过测试来告诉我们相比于其他词汇，核心词汇在语法和语义上更紧密地整合在语言系统中，同时在语用环境中呈现出中性与非标记性特征。

（1）核心词汇在句法上的可替代性。在一组语义相近的词汇中，核心词汇可以替代或解释其他非核心词汇，而非核心词汇可以通过"核心词汇＋修饰短语"来实现。卡特（1987）要求被试者描述下列一组词，guffaw, chuckle, giggle, laugh, jeer, snigger, 结果发现 80% 被试者用"laugh＋修饰语"形式来定义同组其他词汇。可见，laugh 是核心词汇，更常用、更普遍，而其他词是非核心词汇。同时，对于其他词性的非核心词的定义，卡特认为通常的方法是 noun = adjective + core noun，verb = core verb + adverb/adverbial phrase，adjective = core adjective + adverb。

（2）通常，一个词越接近核心词汇就越容易找到其反义词，而非核心词却不然。例如，fat-thin，laugh-cry 可以看作两组正反义词，然而像 obese，corpulent，guffaw 等非核心词就很难找到确切的反义词。

（3）核心词汇具有更强的搭配能力，而非核心词汇更容易受到语法和语义上的限制。例如，一组同义词 bright，radiant，gaudy 中，bright 可修饰 sun，light，boy，prospects，future，red，color，idea，sky 等，radiant 能修饰 light，sun，smile，performance 等，而 gaudy 的搭配能力更是次之，只能与 colors，dress 搭配。因此，bright 是核心词，radiant 离核心词稍远些，gaudy 是较边缘词。

（4）核心词汇有更多的词义延伸。核心词汇在词典里通常有更多的义项。词典中与 well 搭配的词超过 150 个，与 run 搭配的超过 50 个。核心词 bright 在下列短语中有不同的意义：a bright spark（活泼的，精明的），bright and early（一大早），bright and breezy（又高兴，又有信心），(a house，a mood，an appearance) brighten up（明亮起来，心情好起来），(look) on the bright side（积极乐观的），the brighter moments in one's life（欢乐的，幸福的）。

（5）核心词往往是更具有类别性的、更具有概括意义的上义词。例如，flower 是 rose，tulip，carnation 等的上义词，因此更接近核心词。但不是所有的上义词都是核心词。有时，核心词更具标志性，人们在日常会话中则会使用更具体的下义词。例如，在句子"I am pulling my car a way."和"I bought a bed."中，我们会使用有具体特征的下义词，而不是较为抽象的 vehicle 或 furniture。

（6）核心词较为中性化。中性化是指该词汇传达的含义比较客观和中立。它不受文化差异的影响，一般不带有强烈的感情色彩，通常没有伴随意义，更适合用于中性体裁，尤其是用于客观的总结陈述。

第二节 当代英语词汇教学的现状与原则

一、当代英语词汇教学的现状

（一）教师教学现状

1. 教学观念有误

词汇教学过程总是观念先行，教学观念影响着词汇教学的设计、实施甚至效果。我国有些教师存在着错误的教学观念。他们认为学习和记忆词汇是学生应该做的事情，因此课文讲解过程中，偏重句子与篇章的讲解，而忽视了词汇用法的讲解。

这种教学观念无法真正调动学生的学习兴趣与词汇发展潜能。教师也没有帮助学生逐渐形成适合自己的行之有效的记忆单词的方法。教学实践证明，教师要在语境中教学，使得学生感受到词汇学习的乐趣，而不是让学生觉得单词只是一连串毫无联系的符号，学起来太枯燥无味又很难记住，使学生产生厌学情绪。从这个意义上说，教师转变英语词汇教学观念是教学的必要步骤。

2. 教学主体错位

教学主体错位也是我国英语词汇教学中的重要难题之一。英语词汇教学的重点应该是开发学生的潜力，注重学生观察、想象、记忆和创造能力的培养。但是，很多教师重视自身的教学，而忽视了学生的词汇学习。

在词汇教学中，教师总是替学生归纳和总结词汇规律，而不是注重锻炼学生总结归纳词汇的能力。同时，教师常常忽视学生的主体地位，对自己的角色和作用不是很明确。针对这种情况，教师应该清楚地认识到在教学中，教师起的是引导作用，而不是主导，学生才是课堂的主体。

改变教学主体错位要求教师认识到学生的中心地位，在教学过程中引导学生自己总结词汇学习规律。教师需要认识到"授人以鱼不如授人以渔"，学生只有真正掌握了方法，才能在词汇学习中做到事半功倍。一味地依靠教师总结规律，学生的词汇学习能力是无法得到提高的。

3. 教学方法单一

词汇是学生在英语学习过程中最感头疼的部分，词汇的记忆和使用往往令学生感到枯燥、乏味。总观我国的英语词汇教学可以发现，大部分教师依然采用传统的教学方法，即"老师领读—学生跟读，老师讲解重点词汇用法—学生读写记忆"。这种教学方法单调、乏味，学生处于被动的学习地位，这无疑加剧了学生对词汇学习的抵触情绪，这样词汇教与学的效果都不会太好。

4. 忽视文化对比

词汇是语言的重要组成部分，语言则是文化的外在表现形式。因此，词汇教学需要对词汇背后的文化进行讲解。我国很多英语教师在教学中缺少文化对比，造成学生只了解词汇的表面意义，却不理解词汇使用中的深层内涵。这种教学方式会直接导致理解上的错误，也会影响语言的习得。

教师在讲解词汇的同时要重视文化教学，因为文化辨析是词汇教学的一个重要组成部分。英汉两种语言反映着两种不同的文化内涵，有同又有异。增强文化间对比应该是英语词汇教学的重要组成部分。

5. 忽视词汇的运用

词汇教学的最终目的是让学生进行词汇和语言的运用。但是，现如今很多教师的词汇教学忽视词汇的综合运用。教师对学生的词汇学习进行检测往往通过检测学生的拼写能力，这样的检测方法学生花费很大的时间和精力记忆词汇。学生为了顺利通过单词的检测，不得不花费很多的时间和精力记忆单词，这样缺乏理解和运用的记忆即使检测结果合格，也是暂时的。随着时间的推移，学生对词汇的使用频率下降，这些单词还是会被遗忘。教师的错误做法会直接影响学生对词汇学习方法的选择，使他们在词汇学习中脱离语境和运用，从而导致词汇学习效率降低。

为了改变这种词汇教学现状，教师应该有意识地提升词汇运用在整体教学中的比重。

6. 缺乏系统性

英语词汇教学虽然"自成一派"，词汇也有其内部规律，但英语教材决不能按照词汇系统来编纂。既然教材无法体现出词汇系统的规律，而词汇教学又必须要有一定的系统性，那么教师在词汇教学中所使用的教学方法就成为影响词汇教学成败的关键。而在实际的词汇教学实践中，词汇教学方法的系统性并未得到英语教师的重视。不少教师只是按照教材一课一课地向前推进，词汇教学前后联系薄弱，系统性不强，学生学了新词忘了旧词，越学越混乱，经常产生词形辨认不清、词义混淆、词语使用不当的情况。对此，教师应该明确一点：词汇教学只有充分发挥学生的理解力和联想力，才能收到实效。这就要求教师必须将单个词汇纳入一定的系统（构词、词义、词类、语法功能、交际功能等）之中，和语言的各个层面与语言使用结合起来，才能提高词汇教与学的效果。

7. 教学与生活相脱节

很多教师在词汇的课堂教学中只是简单地再现课本上出现的单词，并不联系学生的生活。这样的教学方法难以激发学生的学习兴趣和求知欲，也体现不了因材施教的原则。在词汇教学过程中，教师应该适度扩展一些学生感兴趣的词汇，补充一些和所教词汇相关的课外内容，并作适当的引申，让学生的词汇学习变得富有趣味性。

（二）学生学习现状

1. 词汇接触受限

根据我国的英语教学要求，英语被定为我国学生学习的第一外语，因此与母语教学不同，相对缺乏说英语的外部条件。学生对词汇和英语的掌握只局限在学校和课堂中，因此限制了学生词汇量的扩大。

这种词汇接触受限的情况也阻碍着我国词汇教学效果的提升。虽然英语课程标准对学生的词汇量提出了不同的要求，但是由于学生的词汇接触面小，很多学生都没有达到课程标准的要求。学生对词汇的接触面过于狭小，就会导致学生的词汇掌握少。词汇掌握的数量与学生的听、说、读、写活动息息相关，因此这就直接影响学生的英语学习成绩。

针对这种词汇学习现状，可以从教师和学生两个方面展开努力。学生要学会通过各种渠道主动接触英语词汇，并有效记忆，教师可以在课堂上向学生介绍一些有效提高英语词汇的方式和方法，这样双管齐下对学生的英语词汇量的积累十分有帮助。

需要指出的是，提升英语词汇的基础面在很大程度上受到学生词汇学习主动性的影响。如果学生真心想要学习英语词汇，提高自身英语能力，就需主动积极地扩大自身词汇量，通过多种渠道了解英语词汇，如日常生活中的英文标识语、英文电视节目、网络英文资料等。因此，教师在教学中也需要不断吸引学生的注意力，让学生了解英语词汇学习的乐趣。

2. 重语义，轻语法

学生在学习单词时，往往只注重词义而忽略用法，只知道单词的含义，而不知道其固定搭配、常用表达、相关习语，结果导致阅读时能看到，而在写作或口语中不知用哪个词更准确、更地道，造成了学用脱节。另外，学生在词汇学习中还经常忽视词语的固定搭配。事实上，记住一些单词的固定搭配不仅有助于答题，还能培养语感，帮助学生提高语言使用技能。

3. 词汇掌握失衡

在语言运用的过程中，词汇一般不会单独出现，而会以短语、词组、句型的方式出现。在词汇学习过程中，学习者对常用词汇的使用形式进行记忆，能够提升日后语言使用的能力。但很多学生在学习英语单词时仅学习词义而忽略用法，导致词汇掌握失衡。

4. 死记硬背

很多学生明白词汇是语言学习的基础，因此很重视词汇的学习，经常花大量的时间去背单词，但效果却不尽如人意。这是因为死记硬背太枯燥乏味，就算一时背下来了也很容易遗忘，因此效果很差。事实上，每个词汇只有在实际的语境中才具有准确、清楚的含义，将词汇与语境结合起来记忆不仅有助于加深学生对词汇的理解，更能增强词汇的记忆效果。

5.使用汉语注音

英汉语音系统的差异为学生的词汇学习制造了第一个难关。但由于课堂时间有限，教师用来讲解词汇的时间很少，用于纠正学生词汇发音的时间更是少之又少。因此，很多学生在听教师示范单词读音时，喜欢用汉字为每个单词注音，这种方式不仅无助于词汇发音的学习，更对词汇学习产生了极为负面的影响。例如，初学 university 的学生都对其发音颇感头疼，因此将其标注为"由你玩四年"，这很容易使学生产生不正确的学习态度。

二、当代英语词汇教学的原则

（一）数量与质量统一原则

英语词汇量极为丰富，也极为庞大，是一个日积月累、长期发展的结果。对词汇的掌握也应是一个渐进的过程，拼写、语义、用法均要按层次逐步提高，这个提高过程也是词汇教和学在质的方面的发展过程。学生在自然推进的过程中，逐步加深对词汇各个细节方面的认识，尤其是对词的各种意义联系与用法搭配的掌握。词汇学习是一个质与量并举的系统。词汇学习中量的因素包含学习者所能达到的词汇量，质的因素包括对词义的正确阐释和使用，二者是一个互为有机联系的整体。没有词义的正确阐释和使用，则词汇的存储和提取毫无意义，词汇的存储和提取归根结底就是为了语言意义的表达和人际间的交流。词汇的数量与质量是相辅相成、相互促进的两个方面。对一个词的认知越全面，越有助于学到更多的词，越会将词汇的搭配使用得更紧、更广泛，词汇之间的联系性、系统性认识得到加强，词语的巩固和使用的熟练程度就会提高。

（二）系统性原则

语言要靠长期系统的学习。语言是一个庞大的系统，词汇与语言其他组成部分之间、词汇内部组成部分之间存在广泛的必然联系。教学就应从全局性考虑。因此，每个教学环节与教学内容均要按照教学的整体来考虑，根据认知规律，从易到难，逐层加深。

（三）跨文化对比原则

语言与文化是不可分割的统一体。无论何种语言都根植于某种文化中，而任何文化也都会以某种自然语言的结构作为其重要表现形式之一。学习一种语言的词汇，不仅要掌握其词汇的拼读和词典意义，还应掌握该语言特定的文化内涵。在词汇教学中，词汇作为意义的载体，体现了人们对客观世界的认识与态度，记载了使用该语言的民族历史与发展过程。只有对词汇的文化内涵与文化差异有深刻理解和体会，才能更准确地使用该语言进行交流。

（四）情境性原则

教师在设计词汇教学时应深入浅出，避免照搬词典注解的做法，尽量用简明的语言讲授词语。首先根据词语的特点选择不同的方式，在情境中呈现、运用词汇，在互动中操练、掌握词汇；其次应明确任务，努力创设与"主题"有关的"任务"情境。有了任务，学生明确了自己所要解决的问题，就会有主人翁态度；另外，解决问题会激发学生的内部动机，由此有效地提高词汇教学效率。教会学生在阅读中运用语境知识、语境提示来推断词汇的意义是词汇教学的关键。在阅读课中，教师还可以适当将根据上下文推测词义作为任务留给学生去独立完成。总之，教师在词汇教学中要因势利导，努力寻找每个词教授方式的最佳切入点。

（五）关键词及积极词汇原则

一篇文章的关键词构成语篇的精髓，抓住了关键词，不但有助于理解文章，而且在表达上也能言简意赅。当关键词出现时，教师应详细讲解，让学生掌握这些关键词。此外，教师要求学生对积极词汇和消极词汇的掌握要有侧重。积极词汇即能熟练应用于口头、笔头的英语词汇；消极词汇仅限于认识水平的词，即能听懂或读懂的词汇。在课堂上，我们不可能要求学生掌握所有的生词，因为这些词并不处在同一语用价值与交际功能层次。有些词汇处于交际功能的底层，却起着重要的交际作用。教师则要根据其在交际中的价值，区别对待。通常，二者应保持适当的比例，尽可能促进消极词汇向积极词汇转化，但转化的途径是不同的。主要的一种转化是在英语课中，由教师通过大量的练习指导学生自觉地实现的，还有一种转化是靠教师引导学生在英语课后的大量阅读的基础上自然地、无意识地实现的。

（六）实践性原则

实践性原则强调的是精讲多练，以学生为中心，从而改变教师"满堂灌"的现象。要精讲活练，不要一味地机械性死练，切忌出现教师一个人讲的情况，自始至终都要调动学生的参与热情。词汇教学和词汇练习还应突出交际。通过交际实践活动，培养学生的自学能力，利用上下文，利用新旧概念、构词法和工具书等进行自学。要求学生进行充分的阅读，提高阅读能力。因为语感和语言的运用能力紧密相关，语感的培养是英语学习的关键，而大量的听、说、读、写则可以逐渐培养语感。培养学生养成良好的学习习惯，提高自身素质。

第三节　应用语言学视域下英语词汇教学的创新方法

一、词汇输入的教学方法

（一）情境输入

情境输入法就是通过创设生活中的各种情境进行词汇输入。通过情境输入词汇就是将词汇置于各种情境之中进行学习与记忆。之所以重视词汇学习的情境是因为词汇的意义受社会文化环境、言语情境和上下文情境的影响。由于社会文化环境与地理环境的差异，不同文化历史背景的人所形成的思维方式各有不同，词汇的使用必须依赖于具体的语言环境。因此，词汇不是孤立的，学习一个词必然要涉及这个词的用法及其在句子中的位置和作用。

在词汇学习过程中，认识和掌握单个词汇是学习的第一步。扩大词汇量是词汇学习的关键步骤，但这两个环节只有在把记单词和具体语境结合起来时才更加有效可行。脱离了语言的语境和语言的使用，再大的词汇量也没有什么用。因此，词汇教学中，教师不但要教会学生认识并了解单词，还要让他们掌握单词在具体语境中体现的语法规则和使用特点。具体来说，教师可利用插图、动作表演、列图表、找谐音等活动创设情境呈现单词，这样可以使学生在愉快的课堂气氛中提高对单词的记忆、保持、再认和再现效果。

（二）语境输入

语境是指上下文，即词、短语、语句或篇章及其前后关系。由于词汇的意义通常存在于特定的语境中，所以词汇输入可以结合语境来展开。如果脱离语境进行词汇输入，那么即使学生已经记住了词汇的形式和意义，也无法掌握词汇的用法，更难以将所学词汇运用到实际中。因此，词汇输入应该融合到句子和语篇中，做到词不离句、句不离篇。

英语词汇中的同一个单词可能有多种不同的意义，要想更快地理解其意义就应结合不同的语境。例如 white 具有"白色""纯洁""信任"等不同的意义，教师可以将其置于不同的句子或语篇中进行讲解。

教师还可以先提供一个语境，让学生猜测某个词的词义，再提供正确的词义。例如：
Mr.Li was a worker.He is over sixty.He is too old to work.He is retired now.

联系上述语境，读者不难发现 retired 是"退休"的意思。在语境中讲解词汇，学生不仅可以准确理解该词的词义，而且能明白该词的用法，进而能灵活运用该词。

（三）语块输入

随着语料库语言学的发展，语块在语言习得与应用中的地位和作用已成为语言学界日益关注的一个课题。根据刘易斯（Lew-is）的语块教学理论，语块包括搭配、固定或半固定的短语或习语，语块是使语言输出变得方便、快捷和流利的关键。

可见，词汇学习不仅要包括词的拼写、发音、派生，还应包括词的搭配、有关短语可使用的句式、在不同短语和搭配中的不同意义等。因而，在英语词汇输入中，教师应该以语块为单位呈现单词，教授单词。具体而言，语块呈现法就是将词汇搭配、固定用法及词汇类别相连在一起输出给学生。

（四）直观输入

直观输入就是利用实物、图像、动作表情等方式来展示词汇的意义，给学生以直观的印象。不同年龄段的学生具有不同的心理特点，大学生的性格由外向逐步转为内向，学习自觉性和独立钻研能力逐步建立，简单机械的输入方法已不能调动他们学习的积极性，因此大学英语词汇教学中的输入应以多媒体应用为主。

多媒体输入的充分、合理运用现代科学技术，在创设语言环境，呈现词汇容量方面具有很大的教学优势。声象并茂、动静皆宜、视听结合的多媒体教学课件将词汇教学的内容生动、形象地展示在学生眼前，从而有利于开阔学生的视野，开发学生的智力。例如，要想让学生了解汽车相关部件的词汇表达，教师可在多媒体设备上投放如图 4-1 所示的这幅影像。

这样，词汇教学就成功地突破了教学信息传播的时空界限，使学生能够接触到原本不能在此时此地听到或看到的知识信息，各种感官都得到了延伸。与此同时，教学视野不断扩展，教学时间也会相应地对缩短。

（五）归纳总结输入

根据认知语言学的观点，学习者的学习过程包括六个环节：认识（knowledge）、理解（comprehension）、应用（application）、分析（analysis）、综合（synthesis）、评价（evaluation）。前三个环节属初级过程，逐渐过渡到后三个高级过程。这个过程中的分析和综合其实是对已学知识的归纳与总结。在具体的词汇教学中，词汇输入不仅包括词汇学习初期的呈现，还涉及词汇巩固时的归纳和总结。在词汇学习过程中，学生经常面临遗忘带来的困扰。对此，教师需要每隔一段时间对所学词汇进行及时的归纳和总结，帮助学生复习和巩固所学词汇，减少遗忘。词汇的归纳总结主要涵盖以下五个方面。

1. 多义词归纳

一词多义现象是英语词汇的一大特点，也是词汇学习的另一大难点。学生常常将一个词语在不同语境中的含义混淆。对此，教师可在这类词语第一次出现的时候就对其进行重点讲授，将最常使用的一些意义总结给学生，以后每次出现这个词的其他意义时，就对其意义做一次归纳总结，同时辅之以针对性的训练，加强记忆。例如，教师可以结合例句讲解 overlook 的各种意思：

Lily's services have been overlooked（重视）by her superiors.Our garden is overlooked（俯瞰）from the neighbor's balcony.Father overlooked（原谅）his little son's fault.

She did not know she was being overlooked（监视）by the landlord.

2. 近义词、同义词归纳

同义词和近义词也是学生词汇学习中容易混淆的内容。对此，教师可对同义词和近义词进行归纳、比较、集中辨析，帮助学生区分其不同之处，使学生能够准确地把握其中的差别。例如：

Continue—go on（继续）

big—large（大的）

rude—impolite（没礼貌的，粗鲁的）

youth—adolescent（青少年）

change—alter（改变）

purchase—buy（购买）

3. 反义词归纳

词语的反义关系通常可以引起学生更大的注意，利用这一心理特征，教师可将教授过的具有反义关系的词汇呈现给学生。例如：

warm（温暖的）—cool（凉爽的）

clean（干净的）—dirty（肮脏的）

entrance（入口）—exit（出口）

light（明亮的）—dark（黑暗的）

optimistic（乐观的）—pessimistic（悲观的）

forma（正式的）—casua（随意的）

4. 上下义关系词归纳

利用单词的上下义关系学习单词，有助于学生明确词汇间的意义关系并掌握词义，这也是一种行之有效的词汇输入策略。例如：

教师在教 shrub（灌木）一词时，可以给出上面这幅图，指出它的上义词、平行词、下义词等。这样学生就会对 shrub 有一个更深的理解和印象，并掌握这个词与其他词语的关系。

5. 主题归纳

主题归纳要求教师以主题相关为原则，将代表的事物、反映的话题及其类似的词汇联系到一起，进行总结归纳。例如，教师可将和日用品有关的词汇总结到一起呈现给学生：

plate，dish，bow1，table，pillow，cushion，comb，soap，sham，poo，sheet，toothbrush，bookshelf 9 couch，drawer，seat

学生看到其中的某一个单词，自然而然的就会联想起其他生活用品的英文表达。

（六）词汇分析输入

1. 根词分析

英语词汇中有很多词根是相同的，并且这些词根相同的词汇在词义上也存在一定的联系。因此，教师可以通过分析单词的词根进行词汇输入。例如，讲授完单词 use 后，通过构词分析，学生就可以推测出 useful，useless，user 等词的词义。教师可以说，"Useful" comes from "use'' It means "of use". "Useless" comes from "use" too.It means "of no use"，or "not useful" 等分析单词的词根，不但易于学生理解新词汇，而且可以扩大学生的词汇量。

2. 前后缀分析

英语单词中包含很多前缀或后缀，这些词缀都有着其特定的意义。因此，通过分析单词的前后缀来进行词汇输入，将有利于学生理解单词、记忆单词。例如，在教单词 retell，rewrite 时，学生已经掌握了 tell，write，所以只要向他们解释前缀 re- 的意义，就可以推测出 retell，rewrite 的意义。教师可以说，"Retell" comes from "tell"，"re- means "again"，"Retell" means uto tell again" 等。

3. 词汇变化模式分析

英语词汇有曲折变化，分析这种变化模式对学生掌握词汇语法功能的实际用法有很大的帮助。例如，将 fly, wear, lose, come, break, rise, run 等词的过去式、过去分词形式归类到不同模式中，AAA 模式：split，split，split；ABB 模式：win， won, won；ABA 模式：run, ran, run；ABC 模式：wear, wore, worn 等。通过这种方式，学生可以在最短的时间内掌握足够多的词汇。

4.词义程度分析

教师可以先为学生提供一些词汇，要求学生按照词汇的意义排序。当然，教师最好先给出一个起参照作用的单词，如 sad，要求学生对下列词汇进行排列：happy，dissatisfied, content, cheerful.

二、词汇存储的教学方法

（一）高频词存储

词汇教学的最终目标就是要提高学生长时间记忆的效率，增加永久存储的词汇量。在心理语言学中，"永久性地储存在于记忆中的词及词义的心理表征"就称为心理词汇，也称心理词典。这种心理词汇以语义网络的方式将词语组织在一起，在语义网络中，大脑中存储的每个词都用节点来表示，节点与节点之间是通过词的语义联系而相互连接的，从而在大脑中组成一个庞大而复杂的网络结构。

柯林斯（Collins）针对心理词汇的语义及其表征提出了层次网络模型（hierarchical network model）和激活扩散模型（sprea- ding activation model）根据他的观点，层次网络模型突出了词汇的语义关系，虽然他指出有些词在词义网络中处于同一层级上，但这一模型无法对同一层级中各个词的通达差异做出解释。而激活扩散模型则认为心理词汇的组织近似于一张由相互连接的节点组成的蜘蛛网，激活始于一个点，然后平行扩散到整个网络的其他点（转引自刘巍，2011）。

在英语词汇教学中，教师应对这些心理词汇的特征有所掌握，并尝试从学生的学习心理入手，找出学生大脑中形成的语义网络的节点，并将其激活，从而扩大学生的词汇量。具体而言，教师在教学中要使用高频词汇来建立起词汇网络。

词汇学习的主要内容是学习高频词汇。高频词汇无论是在日常生活的交际中，还是在一些英语测试中都占有极高的比例。所以，学好词汇的关键是掌握更多的高频词汇。在英语词汇教学中，教师应尽量用高频词汇解释生词，建立生词与高频词汇之间的联系，激活高频词汇的节点以及各节点之间的不同组合，扩大学生心理词汇的网络，进而扩大学生的词汇量，将生词顺利地转变为学生熟悉的词汇。这样也能有效地避免学生用母语来记忆生词。

（二）归类存储

词汇具有不同的词性，教师在对学生进行词汇存储教学时，可对单词进行归类，使学生形成系统的记忆。

（三）联想存储

1. 关系联想

词汇关系联想法包括横聚合关系（syntagmatic relation）联想和纵聚合关系（pciradigmatic relation）联想。

横聚合关系是指根据单词共现（con-occurrence）搭配功能所进行的联想，包括名词与形容词的搭配、动词与介词的搭配等，如 light/heavy traffic，friendly/charming nature，play games/basket- ball 等。

纵聚合关系是指依据句中词汇的纵向关系所展开的联想，相同句法功能、相同结构的词汇之间可以互相替换。例如 ."The girl smiled."一句中的名词短语 the girl 可以用同样结构的名词短语 the boy 替换，句子"The boy smiled."依然成立。

2. 相似、对比与包容联想

相似、对比与包容联想是指词语之间的意义关系。相似包括词语形状的相似和意义的相似，既包括同义词、近义词，也包括同源词和谐音词。对比主要指词语之间的反义关系。包容指部分与整体的关系、从属关系和上下义关系。成对的反义词能够加深学生对词语的印象以及对词汇含义的理解程度。如学生看到 horrific 就会联想到其近义词 horrible，看到 frustrated 就会想到其反义词 successful 等。

3. 话题联想

任何一个语篇都有主题，而任何主题总会拥有一些固定出现的词汇。话题的不同对词汇的要求也就不同，同一个单词在不同的话题中意思也不尽相同。话题决定了单词使用的语域、语场，也决定了语言的风格，从而决定了词汇使用的恰当性。通过话题记忆单词不仅能够帮助学生加深对词汇的印象，还能提高学生的语篇表达能力、语言的综合运用能力。

话题联想可以借助词汇图来实现，即将同一个话题下经常出现的词汇归集在一起。

三、词汇输出的教学方法

（一）看图描述输出

看图描述就是教师选择一些图片，让学生尽量用所学词语进行口头或书面描述。学生在描述过程中使用所学词汇，这对复习和巩固所学单词，加深印象，减少遗忘极为有利。看图描述可以用多种具体方式进行。

（1）说说画画来记单词，即由一位学生根据所给词汇，描述其特征但不能读出该词，另一位学生判断并说出该词。

（2）贴标签记单词，即学生用所学的英语单词给图片中的有关物体贴上标签．完成最快的、正确率最高的视为胜者。

（3）示图记单词，即学生在拿到不同的图片之后，通过问答，用英语说出各自图中所示不同的物品名称。

需要指出的是，看图描述活动中，教师所选的图片应该内容丰富多彩，不能太抽象，否则将不利于学生的表述。

（二）描述绘图输出

描述绘图就是教师选择一些图片，将学生分成两人小组，一个学生拿图片，一个学生拿笔和一张空白纸。拿图片的学生用自己学过的词汇对图片进行描述，另一个学生根据描述在白纸上画出来。这种方法在帮助学生复习、巩固单词的同时，还增加了活动的趣味性，学生能够更愉快地使用并学习词汇，从而达到较好的学习效果。

（三）词汇搭配输出

词汇搭配既然是词汇教学的重要内容，那么关于词汇搭配的输出训练也必不可少。英语单词通常有很多固定的与灵活的搭配，教师可指定一个单词，要求学生提供尽可能多的能够与之搭配的方式，提高学生的词汇搭配能力和语言表达能力。例如，在练习 agree 的各种搭配用法时，教师可以让学生用每种搭配短语进行造句。

agree to（答应，赞成，同意）：

I agreed to the proposal.

agree on（［对于条件、意见等］达成协议，互相同意）：

We agreed on a date or the next meeting.

agree with（意见一致；持同样的想法）：

I agree with you in all your views.

第五章 应用语言学视域下的当代英语语法教学新探

作为语言的构建依据与规律，语法能够使词汇组成短语、短句、简单句、复合句等多种表达方式。要想准确把握句子的基本结构并理解其深层含义与内在逻辑关系，就必须具备相应的语法知识。因此，从应用语言学视域来对当代英语语法教学进行探讨具有十分重要的意义。

第一节 语法的性质与语法体系

为了切实提高语法教学的针对性，从而使应用语言学视域下的英语语法教学真正落到实处，对语法的性质及体系展开分析是十分必要的。

一、语法的性质

国内外很多学者都从不同的思考角度对语法的性质展开了探讨。

库克与博尔斯（Cook, S.& Burns, A., 2008）认为："语法涉及多个层面，主要包含规定语法、传统语法、交际能力、语用能力、语法能力、结构语法等。"

弗里曼（Larsen-Freeman, D., 2005）认为："语法包含三大层面：语形、语义、语用，并且这三大层面是相互依赖、相辅相成的。如果这三大层面中的一个层面发生改变，那么其他层面也会发生改变。"

胡壮麟教授（2000）认为："如果语言教学旨在培养学生准确、有意识地使用语言的能力，那么语法应被看作一个理性的方式，即一个动态系统而非静态系统"。

许国璋教授（1995）指出："语法对于句子中的词汇、词汇关系起制约作用。一种语言中的语法反映的是该语言中各种规约制度、规则的集合。在这些规约、规则的指导下，一系列的词汇都可以组合成可以被接受的句子。"

综上所述不难看出，语法本身包含静态与动态的形式。从广义上说，人们日常生活中的听、说、读、写、译五项技能的展现都需要语法手段描写出来。正如樊永仙所说，当人们运用语言展开交际时所使用的组词成句的、能够被对方理解的一套规则就是语法。换句话说，语法就是语言的组织规律与结构形式。从这个角度来看，语法是对语言交际的一种规范，如果忽视了语法的意义，必然会对交际产生影响，甚至与对方产生冲突。

二、语法体系

概括来说，语法体系由词汇、句法以及章法三个部分组成。

（一）词法

词法主要包括两个部分：构词法和词类。构词法讨论不同的词缀、词的转化、派生、合成等内容。词类可以进一步分为静态词和动态词。当然，静态词并不是绝对不变。例如，形容词有比较级和最高级的变化，名词就有格、数、性等的变化。动态词主要包括动词以及直接与动词相关的语态、时态、分词、动名词、不定式、情态动词、助动词、不定式等。

（二）句法

句法可以分为三大部分，即句子成分、句子分类、标点符号。

句子成分是指单词、词组或短语在句子中所起的作用或功能，主要包括以下八大类：主语、谓语、宾语、表语、定语、状语、同位语、独立成分。

依据不同的分类标准，我们可以将句子分为不同的类型。按句子的类型可以分为陈述句、疑问句、祈使句、感叹句；按句子的结构可以分为简单句、复合句和并列句。主句、从句、省略句等也是与句子有关的内容。

在英语的表达方式中，标点符号对于句意的表达、逻辑关系的确定都有不可忽视的作用，因而也是句法的重要组成部分。

此外，词组的分类、功能、不规则动词等也属于语法的内容。

（三）章法

章法主要涉及句子之间的逻辑关系、篇章的结构逻辑等。表示比较对照的词语，如 by contrast，by comparison，unlike；表示程序的词语，如 first, second, then, finally 等都属于章法的范畴。例如，想要判断下面两组句子的可接受程度，就需要运用章法知识。

第二节　当代英语语法教学的现状与原则

一、当代英语语法教学的现状

就目前的情况来看，语法教学过程中的一些问题亟待改进。下面就从学生、教师以及教学环境三个方面来进行分析。

（一）学生

1. 母语干扰作用强

我国大部分学生是在学习了很长时间的汉语语法之后再开始学习英语语法的，然而汉语语法和英语语法毕竟是两个不同的语法系统，因此汉语语法必定会对英语语法的学习造成一定程度的干扰。具体来说，英语句子通常比较长，汉语句子通常较短。英语句子重视结构的完整，汉语句子重视语义的完整。也就是说，英语句子重视法则，而汉语句子重视意图表达。所以，只要英语句子在结构上是正确的，一个长句子可以同时表达许多意思；而汉语正好相反，字词承担表达语义的功能，不同的句子往往是在表达不同的意思。所以英语教师在教授英语语法时，一定要意识到汉语语法和英语语法的差别，进而逐渐减少汉语语法对英语语法教学的干扰。

2. 学习方法欠科学

通常情况下，学生较少对语法学习产生兴趣，大多在遇到语法问题时才去学习，因而是一种被动的学习过程。从客观方面来看，语法规则灵活多变、系统性差是主要原因；从主观方面来看，缺乏科学的学习方法、学习主动性差则是很多学生面临的问题。

教师应采取多种手段，提升学生的主体意识，向他们讲授科学的语法学习方法，引导他们在遇到问题时多快好省地查找语法的相关资料，从而提升语法学习效果。

3. 语法敏感度较低

对于我国现阶段许多学生而言，缺乏对语法的敏锐把握不仅不利于其在听说交际中的灵活运用，在英语应试中也会处于不利状态。例如，在英语写作题中，如果没有精确的语法认知，就会对自己所写的句子中存在的语法错误也缺乏敏感性。许多学生误以为读懂一个句子，就能写出一个句子。可是他们不明白的是，如果说读懂一个句子可以凭借语感的话，那么写出一个正确的句子则需要扎实的语法知识作基础。

（二）教师

1. 对语法的认识不到位

从我国英语教学的发展历程来看，语法及语法教学的地位在其中经历了一个跌宕起伏的过程。在传统英语教学中，语法教学一度占据核心地位。然而，随着英语教学弊端逐渐暴露以及交际教学等的兴起，大量淡化英语语法教学的问题也随之逐渐显露。甚至有人认为，试卷中考查语法的题目较少，分值比重也很少，不值得花费太多的精力去学习。因此，语法教学再次失宠。然而，前面两种观点都是有失偏颇的。

事实上，语法学习的时间长短和学习内容的多少、学习效果的好坏并无必然联系。学习时间长并不代表学到的就又多又好。即使学生接触到了所有的语法项目，也并不意味着他们能够理解所学语法项目的全部用法。此外，尽管英语考试中直接考查语法的题目所占分值不高，但作为语言构成的基础，任何句子的构成、分析和理解都离不开语法。听、说、读、写、译，无论哪一部分，若没有扎实的语法基础，学生就可能听不懂、说不对、看不明白、写不出来、翻译错误甚至翻译不出来。因此，英语测试对学生语法的考查其实贯穿于考试的始末。这就提示教师应当重视语法教学在整个英语教学中的重要地位，并引导学生对语法加以重视，促进学生更加积极地学习语法。

2. 教学方式单一

很多教师在语法教学过程中不讲求方式方法，仍然采取单一的讲解语法概念与方法、带领学生大量做题的方式，学生感觉乏味、枯燥也就在所难免了。在这种教学方式下，学生常常感觉在课堂上已经学会了，但一遇到具体的语法现象常常感到手足无措，难以区分相近语法现象之间的区别，更难以对语法知识进行灵活运用。

此外，教师在批改学生的练习时，仍沿用刻板、单一的语法练习与批改方法，很难将学生的学习兴趣激发出来。

3. 教学方法脱离语言实践

在教学实践中，很多教师在课堂上对语法规则进行机械的讲授，然后安排学生以语法定义和例句为依据，通过输出一些与语法规则相符合的句子来掌握语法知识。此外，教师往往忽视学生输出的句子是否有交际意义、是否得体、是否与语境相符合，而更加关注句子在语法上是否正确，这就将语法教学当作大量做习题的机械练习。可见，由于语法知识与语言实践严重脱离，学生便无法在特定的场合中准确传达所要表达的意思。

为了扭转这种局面，教师应将语法教学与实际应用结合起来，既向学生介绍语法的特定功能，又让学生了解如何在日常交际中对该语法进行有效和得体的运用。

4. 思维能力渗透不足

教师在语法教学过程中表现出来的另一个主要问题是对学生的思维能力培养不足

或渗透不足。具体来说，教师向学生讲授语法知识时，很少将语法知识与具体的实用情境结合在一起，而只是一味地单纯讲授，这就难以调动起学生积极思考的能力，使学生难以在语法练习与智力活动之间建立起联系，从而渐渐丧失对语法学习的兴趣。此外，教师的这种教学方法还会使学生形成一种错觉，即对语法规则的记忆就是语法学习，且语法学习与听、说、读、写、译等技能的提升没有太大关系。

（三）教学环境

我国的英语教学通常以教材为主要依据，因此选用什么样的教学方法、能在多大程度上实现教学目标等问题都与教材质量的好坏直接相关。然而，目前使用的很多语法教材不仅难以适应学生进行英语交际的需要，也与教学大纲不协调。这种状况既阻碍了学生交际能力的提升，也使教师的手脚受到束缚。

一个令人可喜的现象是，很多一线教师已开始积极开发有利于学生交际能力发展的语法教材。很多学者也提出，应在语法教材中融入与交际能力相关的社会文化知识、语境、功能等因素，进而选用交际语法教材来替代传统的语法教材。还有一些国外教材主张在语境中建立语法部分的相关练习，并将情境大纲、结构大纲、功能意念大纲等与传统语法大纲有机结合在一起。

二、当代英语语法教学的原则

英语语法具有灵活多变的特点，所以为了切实帮助学生提升学习效果，应在语法教学中遵循相应的原则，主要包括以下几项。

（一）学习与习得相结合原则

在英语学习中，语言的学习和习得同样重要，在英语语法教学中要能够将两者有机地结合起来。学习的目的在于提高学生使用英语的准确性，而习得的目的在于提高学生英语使用的流利性。学习与习得是相辅相成的，两者构成一个有机的整体。教师在讲解英语语法时，要为学生尽可能多地创造语言习得的自然环境，改变语法规则的讲解与实际语境相脱离的状况，将语法规则运用到具体的语言环境中去，达到形式与功能的结合。

（二）精讲多练原则

在具体讲解语法规则时，应减少冗赘表述，力求所讲之处一语中地，切中要害，避免使用一些专门术语，而应尽可能地使用一些形象、直观的方式，应充分利用教具，使学生从"懂语法"到"会语法"。在精讲之后，通常还要借助大量的练习，并且练习的方式应确保丰富、多样。

例如，可采取英汉互译、改错以及应用性写作等训练方式，并且在具体进行举例时，还应与学生的现实生活和工作贴近，并具有鲜明的时代特点，尽量避免使用一些陈旧的例子，所选择的例子应尽可能激发和提高学生思维的积极性和参与率。同时，还应注重培养学生的结构辨识和运用能力，让他们学会在运用中掌握规律。

（三）交际性原则

根据社会语言学家的观点，语言的功能就是交际。交际能力包括语言能力，语言能力是交际能力的基础，没有一定的语言知识，语言运用就无从谈起。真正的语言能力也是在交际活动中培养出来的，因而在语法教学中应体现出交际的成分。只有通过对一门语言的使用才能真正掌握这门语言，语言是在使用中获得的，不宜将语言的使用和语言学习分割开来。语言学习必须得多练，在不同的情境中反复练习。但值得注意的是，如果语法结构不是在真正的交流中使用或不具有真正意义上的交际意图时，学生就无法获得最后的成功。

（四）对比性原则

英语语法和汉语语法存在很大的差异。王力先生曾经说过："就句子的结构而论，西洋语言是法治的，中国语言是人治的。"，汉语是"人治"的，汉语的语义是可以通过字词来直接表达的，因此不同的意思往往通过不同的短句表达出来；与之相反，英语是"法治"的，所以只要不存在结构上的错误，许多意思可以放在一个长句中表达。

我国学生在学习英语语法过程中不可避免地会受到汉语的影响，因此英语语法教学必须对此给予重视，善于使用对比的方法，让学生对汉语和英语之间的差异保持一定的敏感度，以加强汉语语法对英语语法学习的正迁移作用，从而加速学生英语学习的进程，提高学习效率。

（五）动机性原则

动机是一切教学活动的保证，所以在语法教学中激发学生的学习动机是非常重要的。为了有效地激发学生的动机，使学生积极主动地参与到语法活动中来，教师应从以下几个方面作努力：

1. 个性化

个性化主要是指活动应来自于学生的观点、学生的亲身经历、学生的情感等。个性化活动对学生进行真实的交流，在思想交流之中内化语言规则有很大的帮助。

2. 活动的类型

课堂活动多选择一些开放性和交际性的活动，少一些机械性的束缚，激发学生的学习兴趣，培养学生的发散思维能力。

3. 话题的选择

话题的选择要适合学生年龄，也就是要适合学生的认知能力和语法水平，要与学生的生活经历紧密相连，能够激发学生的想象力或好奇心。

4. 情境的创设

尽可能地创设真实的语境，利用各种手段为学生提供视觉物体，如幻灯、图画等，让学生去表达真情实感。

（六）情境性原则

在语法教学中，坚持情境性原则要求注重语法知识在实际生活情境中的应用，而不是空洞乏味地教授语法规则。这就要求教师在语法点的设计方面尽可能多运用和实际生活相关的教学素材，围绕学生感兴趣的情境，以活泼生动的语言呈现语法规则。与此同时，还可以将一些新闻、时事等真实材料进行精心地设计和编排，使其成为师生之间、生生之间开展交互活动的真实材料。

（七）输入性原则

克拉申（1981）提出的语言输入假设认为，可理解的语言输入对学习十分有利。在语法教学过程中，教师的课堂话语是学生获得语言输入的重要途径之一。教师在课堂上无论是口头进行语法操练，还是布置语法任务，或者是呈现某些语法结构的情境运用，都要尽可能多地运用英语教学。

此外，在课外，学生可以在教师的指导下进行大量的阅读，并收听、观看英语节目。学生通过大量接触这些鲜活的语言材料，进而感知其中隐含的语法规则，从而为他们语感的形成提供重要基础。

（八）系统性原则

语言本身就是一个完整的系统，这在语言基础知识的语言中也有所体现。因此，在语法教学中也应遵循系统性原则。具体而言，在对语法内容进行选择时，应力求贴近学生的生活实际，以便与现代交际原则相符合，并尽量避免那些交际中很少使用的语法。此外，语法教学既要以教材中的语法系统为依据，还应与语法发展的基本规律相一致。个别的语法项目包含着诸多内容，有时还存在很多例外情况，在教学时也不可能一股脑儿全部展示。系统论认为，如果一个系统足够合理、严密，那么该系统的整体功能大于其部分功能之和。所以，只有对整体功能有综合的感知，才能更好地把握和分析部分功能。并且，目前的大部分英语教材，其中的语法现象都比较分散，因而教师应善于对学生已接触过的语法现象加以归纳总结，引导学生按照由点到面的顺序对语法结构进行整体把握。

(九)文化性原则

每一种语言都与某一特定的文化相对应。因此,英语语法教学应注意文化因素对语法学习的影响,结合英语国家的文化.把英语还原到当时的语境中,以便帮助学生理解和记忆。所以,只有坚持文化性原则,才能帮助学生减少学习语法的困惑,也才能够帮助学生正确使用语法。

(十)语境化原则

根据语言学理论的观点,词、语法和语境这几大要素只有共同作用才能达到理解,最终完成相应的交际任务。在语法教学中坚持语境化原则,就是指教师应巧妙地运用教学方法,进行模拟或者创造情境,以生动、直观的方式让学生入境意会,这样也能够很好地激起学生的积极性,鼓励学生积极主动地参与到交际活动中。与课文教学和交际话题的教学相比,语法教学的语境化对教师所提出的要求更高,通常需要教师按照班级情况和授课内容,并与学生的实际生活相联系,进行巧妙的构思和精心的设计。

例如,在讲解非谓语动词的用法这一语法现象时,在创设语境时,教师通常需要在以下几个方面下功夫。例如,讲解定语从句时,可先创设一种"洗衣服"的情境。

情境一:裙子已经洗好了。
The skirt has been washed(过去分词表被动完成)。
情境二:她把衣服放进洗衣机。
She puts it in the washing machine.(动名词表用途)。
情境三:露西还有一条裙子要洗。
Lucy has a skirt to wash.(不定式做后置定语,表动作未发生)。
情境四:正在洗衣服的女孩是露西。
The girl washing a skirt now is Lucy.(现在分词表正发生的主动动作)。

这种运用语境教授语法教学的方法能够很好地激发学生的学习兴趣.并且深化学生对语法概念的理解和记忆。

第三节　应用语言学视域下英语语法教学的创新方法

一、图式教学法

　　由于语法本身抽象性的特点，有些语法项目比较难以用语言清晰表达，或表达出来后学生还是感觉很费解，因此可以使用简图、表演、图片等图式使其具体化。

　　教师在对时间状语从句连词的选择和理解时，首先要考虑到学生对主句和从句中两个动作的时间关系判断。教师若仅仅用语言阐释 while，when，as 的区别，由于里面涉及"某一刻时间""某一段时间""短暂性动词""延续性动词，，等术语，学生会因语言理解能力和想象力等个体差异的不同，感觉很抽象，甚至会给一些基础薄弱的同学带来理解上的障碍。而如果教师设计出如图 5-1 所示两个动作对比的画面，在讲解时辅助以简图呈现，学生便对 while，when，as 三者区别得更清晰、更直观一些。

二、语法练习法

　　语法教学作为语言教学中的一项重要内容，其最终目的也是让学生能够将知识运用到实际中，从而更好地培养学生的综合素质和能力。因而就需要教师对语法练习进行科学、合理的选择和设计，有效地组织学生进行语法项目的操练。但是采用练习法来操练语法项目并不是盲目进行的，而是分阶段进行的，通常遵循循序渐进的原则来让学生达到熟练应用的目的。

　　一般而言，需要先通过模仿、替换、不断重复来进行机械式的训练。机械式练习通常要求学生达到不用理解句子的含义就能作出迅速、正确的反应，紧接着，通过造句、仿句、改句、改错、翻译等方式来内化训练。内化训练通常要求学生围绕教学内容进行，要求学生能够达到熟记、理解的程度，并能做出正确的反应。最后，教师可借助于场景对话或问答形式之类的口语训练进行最后的交际操作训练。这种训练方式要求学生能将所学的语法知识综合运用，并能组织语言迅速做出反应和回答问题。

三、有效记忆教学法

　　有效记忆教学法是指帮助学生记忆语法结构或规则的方法。在具体的教学实践中，教师可采取下面几种手段。

（一）佳句格言记忆法

下面的佳句、谚语或格言都涉及一个语法结构，学生在熟记这些佳句或格言后就能掌握并运用一些与之相关的语法形式。例如：

Eat to live, but not live to eat.

Never put off till tomorrow what may be done today.

Never too old to learn.

To see is to believe.

Where there is a will, there is a way.

（二）顺口溜记忆法

顺口溜读起来上口而且容易记忆，有助于学生的语法学习与记忆。

四、情境教学法

运用情境教学法教授语法具体是指教师以情境、案例为载体，对学生的自主探究性学习进行适当地引导，借此来提升学生分析和解决实际问题的能力。具体来说，教师可设置模拟的情境或运用目的真实情境教授语法。例如，利用体态语非语言手段、实物、真实情境以及多媒体手段等，使语法教学更为真实、形象、直观、富于趣味性。从实质上来看，情境语法教学法是从传统教辅工具的静态化学习向动态化学习的实质性的飞跃。这一语法教学法对激发学生学习兴趣和提高学习效率大有裨益。为了对情境语法教学有更清楚、更深入的认识，下面就主要结合问题情境、合作情境以及活动情境进行具体分析。

（一）借助于问题情境

问题情境具体是指教师运用提问的方式来激发学生的求知欲和好奇心，让学生通过独立思考来解决问题。下面主要结合名词性从句这一语法点的讲授进行分析。

首先，教师应先给出相应的材料。具体如下：

Suppose you have drunk some magic medicine, and it makes you sleep for about 600 years.When you wake up, what will be the first thing you want to do?

紧接着，学生们可开始讨论，他们输出的句子可能是：What I want to know is whether my parents are alive./ What I want to know is who the president is now. 等。

学生在受到问题激发之后，便开始有意识或无意识地学习这一语法现象的具体用法。

（二）借助于合作情境

语法教学中创设合作情境具体指的是创设全员参与、差异参与、主动参与的氛围，实行小组教学、集体教学和个别教学的交替融合。创设合作情境要求教师应能够同学生取得情感体验上的和谐。在实际进行合作学习的过程中，借助于提问、讨论、质疑、抢答等方式得出结论，使学生的主体作用得到有效的发挥。

（三）借助于活动情境

借助于活动情境教授语法要求教师应尽可能多地给学生多动手、多动口的机会，以充分调动学生的多种感官的协同活动。这种类型的情境不仅利于优化英语教学的过程，而且利于教师了解学生的学习现状并促成课堂的交际化。这种教学方法在运用过程中应务必确保灵活，应在"活"字上下功夫，有了学生在活动中的参与互动，才能有效规避教师的"独角戏"。在与学生的有效互动中还能最大限度地激活教材，力求语义真实，保证活动内容的情境化、交际情境的生活化。与此同时，在具体设计活动情境时，教师还可适当增加一些学生比较感兴趣的游戏，使学生的参与意识得到最大程度的激发，寓教于乐，并凸显学生的主体地位。

五、网络多媒体教学法

利用网络多媒体等先进的教育技术，有利于在语法教学中创造轻松、愉快的气氛，降低学生的学习焦虑，并有效调动他们的学习积极性，使他们积极进行思考，提高思辨能力与学习效果。具体来说，在语法教学中采取网络多媒体教学法可从以下几个方面入手。

（一）采用课后拓展模式

很多语法知识仅仅依靠课堂上的短暂教学是很难掌握的，因此教师还应采用课后拓展模式。

（1）通过 E-mail 形式进行辅导和交流。这不但可以打破时空的限制，还可以缓解课堂的紧张气氛，让学生更为轻松，也是将课堂内容延伸到课堂外的有效方式之一。

（2）创建讨论组以实现资源共享。在讨论组中，教师将预先设计好的指导性问题和相关内容上传进去，学生可以提前进行预习，如果有问题可以提出问题，大家也可以参与讨论。

（二）利用课件呈现语法知识点

教师可充分利用网络多媒体课件，将语法知识点、语法句型等呈现给学生，从而通过生动、形象的输入来帮助学生进行理解与记忆。

例如，教师在讲授 listen，watch 等词的一般过去时、正在进行时的时候，就可以将 -ed 与 -ing 形式运用下划线、不同颜色标注出来，或者可以设置为有声导入，这可以集中学生的注意力，还能引导学生对规律进行总结，实现举一反三。但是，对于 see，think 这些特殊动词，可以使用图标的形式展现出来，让学生进行记忆。

（三）提供真实情境运用语法知识点

语法的学习不仅要掌握语言形式和语言意义，还需要学会使用。在网络多媒体的环境下，语法学习具备更逼真的环境，有助于帮助学生将掌握的语法知识进行内化，进而创造性地输出。同时，利用网络还可以播放相关片段、图片、对话等，这些都有助于学生对语法知识的运用。

例如，教师可以将学生日常生活和学习中正在做的事情拍摄成照片，然后放映出来，学生可以根据图片理解"正在进行时"这一语法知识点，因为这些都是学生的亲身经历，因此更容易让学生理解并运用。

（四）结合听、说、读、写、译等练习语法知识点

语法教学不能是独立的，而应该与听、说、读、写、译结合起来。教师可根据所教授的语法知识、语法教程给学生安排其他技能的练习，帮助学生对语法知识进行巩固，内化为自己的可理解性输入。

例如，教师可以为学生提供一小段不完整的听力材料，然后再播放完整的听力内容，要求学生听完后将不完整的部分补充完整，进而要求学生进行跟读模仿，最后进行相关话题讨论。

六、微课程教学法

伴随着"互联网+"时代这一大形势的发展和国家之间跨文化交流的日益频繁，语言教学模式、教学方法等也顺应时代形势的发展进行相应的革新和变化。与此同时，语言的教学还应结合并借鉴传统意义层面翻译法、讲授法等的经验，弥补传统意义教学的不足，并充分考虑新时代下学生的个性化需求和特点，展开与时代发展相贴近的语法教学。其中微课程语法学习法就是其中的一种结合当前学生热衷笔记本电脑、智能手机以及 iPad 等移动终端设备，并能通过利用这些资源获取文字、图片并随时随地观看视频这一特点而进行的比较有意义、有价值的语法教学方法的实践和尝试。具体而言，微课程教学法是指以"云环境"背景为依托，并倡导"导学一体"这一理念的基本模式的教学方法。其中的三大模块具体涉及以下三个方面。

（1）课前自主学习任务单。这指的是教师指导学生进行自主学习的方案，这一

模块的自主学习任务单对于统御单位课时的教学活动具有灵魂性的导向作用。

（2）配套学习资源。具体是指微视频，这种类型的资源具有短小精悍、主题突出、便于运用等特点。

（3）课堂教学方式的创新。对此，教师在具体教学中可采用灵活多样的方式，如小组间的 PK、小组或同伴间的合作学习、教师的点评、小组间的互评等，借助于这些形式来尽可能地激发学生的学习兴趣，培养学生的团结协作和创新精神。

为了对该课程教学模式有更深入、更清晰的认识，下面将结合以建构主义学习理念为指导的微课程教学法的教学模式进行简要分析。

（一）课前

1. 制作任务单，并创建与任务单相匹配的学习资源

在进行任务单的制作之前应做好充分的准备工作。首先最为关键的就是要明确任务单的主题。在对任务单的主题有清晰、明确的把握和认识的基础上，然后深入地调查和研究教材上的具体内容和学生已有的语法知识情况。将语法知识的重难点和学生整体掌握相比较差的语法知识点挑选出来。在此基础上，与所选知识点相结合来充分准备学习资源，其中相配套的学习资源应主要以"微课"的学习形式出现，并且应该能够将内容呈现清楚、目标明确，还可借助于多样化的形式如图片、表格等加以呈现，时间的长度应尽可能地控制在 10 分钟以内。当前比较常见的微课呈现形式就是采用 MP4 或 FLV 格式。需要注意的一点是，为了更好地优化语法教学和学习的效果，通常应提前将这些学习资源和任务单发给学生。

2. 学生自主学习

上述所提及的一些任务单、配套学习资源等都可以通过现场拷贝或班级群共享等形式提供给学生。这样一来能更加方便学生自主地展开课前的学习，提前对任务单上所罗列的任务有明确的认识，并且还能将自主学习过程中所遇到的一些问题提前记录在任务单下方交给老师。

3. 教师掌握学生自主学习的情况

在前述两个环节的基础上，教师能够对任务单的完成情况和学生所遇到的一些问题有一个整体性的认识。这样教师就能根据具体情况进行课堂教学准备，也能更好地提高教学的针对性和目的性。

（二）课中

微课程语法教学法在课中也包括以下四大步骤，具体如下。

1. 释疑拓展

释疑拓展具体是指教师应以学生任务的完成情况和所遇到的问题为参照，在课堂上针对学生所遇到的问题进行详细讲解，同时还可以根据学生的实际情况对某一语法点进行延伸或拓展。

2. 练习巩固

练习巩固具体指的是教师分配课堂任务作业，先让学生独立完成，然后再进行组内讨论完成指定的题项。最后，可以采取安排小组代表，上台为全班学生讲解解题的答案和过程这一形式，对所学的语法点进行巩固和强化。

3. 自主纠错、个别辅导

在这一步骤中，要求学生对其语法失误进行自主分析，并查找失误的原因。如果学生遇到了一些疑难问题，可向老师请教，教师可以进行有针对性的指导。

4. 归纳总结

在课堂结束之际，教师应对本节课的所有语法知识点进行相应的归纳总结。

七、归纳法

归纳法遵循从具体到一般的过程，强调以学生为中心，主张引导学生自己发现语法规则。可见，运用归纳法进行语法教学使学生先感受语言的实际运用随后在语言使用中归纳句子模式并进行概括、总结。在归纳的过程中，学生必然要对语法的使用规则、条件与范围进行比较与分析，从而在不知不觉中提高思辨能力。

教师引导学生进行归纳时，通常可采取以下步骤。

（1）对语言材料进行提炼。这就要求学生提升对某些特殊语法知识点的意识。

（2）所提炼的语言材料需要学生自己进行筛选、归类以及重构。

（3）学生能在分析、归纳语言材料的基础之上，明确地叙述普遍适用的语法规则。

例如，运用归纳法讲授"so/such...that"这一语法现象时，可采取以下步骤。

第一步，教师向学生提供以下句子。

He is such a nice person that he is willing to help anyone.

I was so tired that I could do nothing but go to bed.

It is so cold today that most people stay inside.

It is such a cold day that most people stay inside.

It is such a difficult examination that most of the students have failed it.

It is so difficult an examination that most of the students have failed it.

第二步，教师向学生抛出以下问题，引导学生进行反思。

Which word goes before a noun, with or without an adjective?

Which word goes before an adjective on its own, so or such? 第三步，学生在反思的基础上，进行归纳总结。

语法结构一：so + adj.

语法结构二：such+（adj.）n.

实践证明，很多语法点通过归纳法进行讲授都能取得良好的效果。学生通过自身亲自思考、观察、分析和对比总结出来的规律性规则，印象也会比较深刻。

八、演绎法

由于语法教学的抽象性特点，因而运用演绎教学法进行语法教学非常的普遍和常见。这种教学法具体指的是运用一般原理对个别性论断进行证明的方法。演绎法的具体运用过程其实就是由一般到特殊的过程。运用该方法进行语法教学时，教师可先简单地向学生提出抽象的语法概念。紧接着进行举例分析和说明，将这些具有抽象性特点的概念引用到具体的语言材料中，并借助于大量类似的练习材料来帮学生学会独立地运用这些语法点。

需要尤加说明的是，以上的这些表示推测性用法的情态动词本身并没有时间上的差异。按照动作所发生的具体时间，情态动词的"推测性用法"又可具体分为如下几种。

（1）用来表示对"过去已完成事物的推测"。

谓语可表示如下：

情态动词 + have done（过去分词）

Mary ought to have finished her homework by now. 到现在玛丽应该做完作业了。

（2）用来表示对"现在或将来事物的推测"。

谓语可表示如下：

情态动词 + do（动词原形）示例：She must know what he mean.

她一定知道他的意思。

（3）用来表示对"过去进行事物"的推测。

谓语可表示如下：

情态动词 + have been doing（现在分词）

Lucy should have been studying yesterday morning. 昨天早上露西很可能在学习。

（4）用来表示对"现在进行事物的推测"。

谓语可表示如下：

情态动词 + be doing（现在分词）Peter should be playing cards with his classmates. 彼得很可能在跟同学打牌。

第六章 应用语言学视域下的当代英语听力教学新探

听力是一项重要的英语技能，对学生来说，如果不具备一定的英语听力水平，就难以听懂他人的话，也就无法用英语与他人进行正常的交际。此外，听力对口语、阅读、写作、翻译等其他技能的提升有重要影响。可见，听力教学在英语教学体系中具有不可替代的地位，在我国也一直备受重视。本章就从应用语言学视域下探讨当代英语听力教学。

第一节 听力的性质与特点

一、听力的性质

（一）听的含义

听是一个看似简单实则难以明确的概念，对于听的定义，很多学者都从各自的视角出发，给出了不同的见解。

罗宾（Rubin）认为，听是一个主动的过程，听者可以对听到的信号进行选择，并在此基础上对信息进行解释，从而确定正在发生的事情以及发话人想要表达的意图。

赫尔格森（Helgesen）认为，听是将所听内容弄懂的一种有目的、主动的信息的加工过程。

罗斯特（Rost）则认为，听是形成于头脑中，对口头语输入的信息进行意义建构的活动。罗斯特认为，"听"主要有下面四种取向。

（1）接受型的听，它是指听者接受发话人的信息之后对信息进行解码的过程。

（2）建构型的听，它是指对意义进行建构和表征的过程。

（3）协作型的听，它是指听者与发话人之间进行意义的协商，并做出反馈的过程。

（4）转换型的听，它是指通过想象、参与等方式来对意义进行创造的过程。

理查兹和施密特（Richards & Schmidt，2002）认为，听力理解是对第一语言、第二语言所说的话进行理解的过程。其中，对第二语言学习听力理解的研究重心在于单个语言单位以及听者的预期、上下文、场景、话题等内容。

（二）听的心理过程

听的心理过程大致可归纳为以下三个阶段：

1. 第一阶段

在第一阶段，声音经过感觉器官，进入感知记忆中，同时利用听话者已有的语言知识，将这些信息转化为有意义的单位。由于感知记忆中信息存储的时间十分短暂，听者整理这些意义单位的时间也很少。听者听母语时可以顺利完成这一过程，但是听外语时，听者很可能在设法将连续的语流组成有意义的单位过程中遇到问题。此外，听者还可能在还没有处理完现有信息时，又有新的信息逐渐涌入，给听力理解造成阻碍。

2. 第二阶段

在第二个阶段，信息处理是在短时记忆中完成的，这一过程一般不超过几秒钟。听者会比较所听到的词或词的组合和储存在长期记忆中的语言知识之间的异同，对记忆中的信息加以重组、编码，然后形成有意义的命题，听者还要依据意义这一重要线索对连续性的语流进行切分。在完成意义获取后，听者往往会遗忘掉具体的词汇。处理速度对这一阶段十分关键。在新的信息到来前处理完已有的信息，这很容易引起外语学习者处理系统的信息超载，对一个初级的外语学习者更是如此。随着听力训练的逐渐加强与深入，学习者积累了一定的语言知识，对一些经常听到的信息处理就会变得自动化，这样在处理具有难度或者陌生的信息时就会有更多的空间。

3. 第三阶段

在第三个阶段，听者将获取的意义转移到长时记忆中，并建立与已知信息之间的联系，完成命题意义的确定。如果新输入的信息与已知信息相匹配，理解就产生了。在这一阶段，当形成的命题与长时记忆中的已知信息相联系时，大脑便通过积极的思维活动去分析、合成、归纳，使其成为连贯的语言材料，从而实现意义的重构，进而将重构的意义保留在长时记忆中（崔刚、孔宪遂，2009）。

以上对听的心理过程的描述属于大体步骤，其实际过程要比这复杂很多。因为听的过程中的信息处理并非仅依靠语言本身，

听者还必须将语言置于具体的语境中，才能理解其真正的意义。在听母语时，听者会自动激活自己长期积累的文化知识、讲话人的背景等信息，且可以根据以往的经验预测接下来要听到的内容。他们知道不同类型的人会用不同的方式表达出不同的内容，在不同场合及讨论不同问题时采用不同的语言风格。人们的谈话方式常常受谈话

参与者之间关系的影响,父母对孩子、妻子对丈夫、领导对下属等关系会影响语言风格的选择。这些知识均会在以上三个阶段中发挥作用。

二、听力理解的特点

(一)即时性

即时性是听力理解的显著特征。具体来说,听的过程是自然而然发生的过程,是随机的,是通常无法预先计划的。换句话说,听在一般情况下是不可能进行预演或事先练习的,它是一种即时的行为和过程。即时性特征要求教师在听力教学中必须培养学生的即兴适应能力,掌握各种随机应变的技巧,关注听力过程本身。

(二)同步性

同步性是指"听"总是与"说"同时发生,没有"说"就没有"听说"同步性也是听的重要特征之一。在听的过程中往往伴随着说的过程,有"听"就有"说",但是有"说"并不一定有"听","说"是"听"的前提条件。

听的同步性特征要求听力教学必须充分关注说,包括说的内容和方式。因此,包含听力内容和方式的听力教材在英语听力教学中都起着至关重要的作用。

(三)短暂性

听的即时性特征也就意味着它本身的短暂性。所谓短暂性是指说话人的话语一经说出,即刻消失。在大多数情况下,说话人所说的话语必须在说的那一刻就被听到,一旦谈话结束,话语也就消失得无影无踪。即使说话人有时会重复刚刚说过的话,听话者听到的也只是另一句含有同样词语的句子而已。可以说,短暂性是听的本质特征之一。

听的这种短暂性的特征要求教师在听力教学中,必须培养学生注意力集中的意识和能力,这样才能及时捕捉所听到的话语,否则,听力理解便无从谈起。

(四)听说轮换性

所谓听说轮换性是指在日常人际交往的语言活动中,听话者在听的同时,通常会伴随说的活动;而说话者在说的同时,也通常扮演听话者的角色。这是由人际交往语言活动的互动性质所决定的。有时候,听话者的目的并不局限于听得更清楚、理解得更明白,而是要通过听和及时反馈来获得话语权和主动权,用自己的话语作用于先前的说话人。

听说轮换性也是听力理解的显著特点,它对英语教学具有重要的启示作用。它告诉教师听力的训练并不是完全地或单纯地听,因此不能将听力活动局限在听广播、听磁带、看电视电影等单向听力活动范围内，而应尽量让学生参与到对话式、互动式的语言活动中，再与说的训练相结合。只有这样才能真正训练学生的听力，提高其听力水平。

（五）及时反馈性

在日常人际交往的语言活动中，听话者一般要对所听到的内容提供及时的反馈，如表示听清楚了或没听清楚，对说话人的意见表示自己的态度，或赞同：或反对，或欣赏等。这就是听的及时反馈性特征。这种反馈可以用语言表示，也可能用面部表情、手势或其他肢体语言表示。

听的及时反馈性特征要求教师不仅要有意识地训练学生集中注意力的能力，还要培养学生及时捕捉说话人的话语并及时理解其意思，以便快速做出反应。因为听话者只有通过及时反馈才能告知说话者自己对话语的态度，并要求说话者及时做出相应的话语调整，确认，或否定，或解释，或重复，或大声一些，或小声一些等。

（六）情境制约性

"听"这一活动总是发生在特定的时间、特定的地点以及特定的情况和状态下，它无时无刻受到情境的制约，且情境中的细节往往决定了其间发生的语言活动中的话语的意思。此外，情境中的细节还能为听话者和说话者双方提供各种进行语言理解的线索和提示。因此，了解这些情境细节，提高对情境细节的敏感程度，有利于听话者的听力理解。

听的过程的这一特点要求在听力教学过程中，教师应尽可能将听力训练置于一定的情境中，设置真实的听力场景，同时鼓励和引导学生加强语言情境意识，以提高学生在真实的语言活动中的听力水平。

第二节　当代英语听力教学的现状与原则

一、当代英语听力教学的现状

（一）教师教学现状

1. 教学理念模糊

教师的教学理念的先进与否决定着听力教学的质量好坏。在 EGP 教学模式下，教师不仅没有充分地了解听力教学的规律，并且也没有新颖的教学设计，这主要是由于教师模糊、落后的教学理念导致的。很多教师认为教学只是单一的技能训练，把听力技能与其他技能分割开来。同时，受应试教育的影响，很多教师进行听力教学主要时为了应付考试，从而导致教学的功利性过强。此外，还有些教师把听力与适时的文化环境分离，致使学生在不了解文化背景的情况下对听到的篇章完全不理解。

2. 课堂设计活动贫乏

如前所述，我国英语教学受传统应试思维影响严重，很多教师都过于关注考试及考试分数，这使得很多教师存在功利心理，很少真正结合教学实践和学生需求进行课程设计，更别说进行大胆的尝试和创新了。实际上，英语听力是一个阶段性明显的渐进性活动，主要可以分为听前、听时和听后活动，而每个活动都可以设计出丰富的教学情境，引导学生积极参与，完成听力任务。而现实情况是，听力课堂仅有讲解新单词这样一个听前活动，听后活动仅仅只是关于听力练习和答案正误的反馈。这种设计抹杀了学生对于听力学习的兴趣，长此以往会更不利于其听力水平的提高。

3. 缺乏适度引导

在应试教学的影响下，英语听力教学也大多是围绕考试这个指挥棒而转的。教师大多将教学重点放在如何应付考试上，以考试的方式训练学生的听力能力，而不对学生做任何引导就直接播放录音。这就容易使对生词、相关的知识背景等尚不熟悉的学生在听的过程中遇到种种障碍，不仅降低了听的质量，而且使学生产生挫败感，因而对听力学习失去信心和兴趣。

与之相反的是，有的教师总是在播放录音之前对学生进行过多的引导，不仅介绍了生词、句型，还将材料的因果关系等一并介绍给了学生。这样一来，学生即使不用仔细听，也可以选出正确答案，这就很难激起学生听的兴趣，听力教学也就失去了意义。

由此可见，如何对学生进行适度的引导是关系听力教学质量的一个重要问题，太多或太少都会影响教学效果，教师应根据实际情况来进行把握。

（二）学生听力现状

1. 缺乏基础知识

听力理解有赖于扎实的基础知识，基础知识掌握得越多就越牢固，在听的过程中就会感觉越轻松，理解速度也会越快。相反，基础知识欠缺会影响听力理解速度甚至造成听力障碍。对于我国学生来说，英语基础知识的欠缺是制约其听力水平提高的重要因素。

例如，学生缺乏必要的语音知识，对意群、连读、失去爆破等语音规律掌握不牢，这就导致学生在听力的过程中一旦遇到连读、弱读、吞音等现象，就会产生误听，从而不能准确把握和理解所听句子的意思。再加上有些学校语言环境和教学设施的缺乏，学生基本不能受到专门的英语发音和听力技能训练，这就必然导致学生的语感差、无法掌握英语发音的特点和规律。还有很多学生受方言的影响导致发音也不准确,这必然会对听力的准确性造成影响。

此外,很多学生由于词汇量小,对语法知识和句法结构不熟悉,从而严重阻碍了他们的听力理解。不仅如此,由于受传统应试教育的影响,学生对英语单词的掌握只停留在了识记上,往往不注意单词的拼写和读音之间的联系,加之听说训练的缺乏,因此学生单词掌握得并不牢固,拼写也不准确。

2. 心理负担过重

学生在英语学习中普遍有焦虑心理,即负担过重。导致这种情况的发生有多方面的原因,如语言基础知识欠缺,对听力学习兴趣不高等。当教师播放听力材料时,有的学生往往大脑一片空白,影响正常听力的进行;还有的学生由于成绩不好,缺乏自信,甚至产生自卑心理。学生的心理负担过重导致他们在听力课堂上总是感到紧张不安,焦急害怕。一方面他们担心被老师提问,自己回答不出来,另一方面又担心回答得不正确会被老师批评,被同学嘲笑。总之,学生心理压力过大很容易使他们时常处于压抑的状态,这对英语听力水平的提高是非常不利的。

3. 存在不良听力习惯

听力理解过程就是学生对听力材料的内容进行联想、判断、记忆、分析、综合的过程。学生的这种逻辑思维能力的运用程度决定了他们对所听材料做出的反应程度以及准确度。然而,在实际的学习过程中,学生往往因为缺乏这种逻辑思维能力而养成一些不良的听力习惯。例如,学生在进行听力训练时,由于缺乏利用非言语提示、借助上下文进行推理的能力,常常因为某一个词、某一句话没听懂,就停下来苦思冥想,结果影响了后面的听力内容,错过了掌握大意的机会;还有的学生不会利用做笔记、联想发挥等策略来检索输入信息以解决问题。这些对于听力能力的提高都会产生不良影响。

二、当代英语听力教学的原则

(一)兴趣原则

学生成长的过程是智力因素和非智力因素相互作用、相互影响的过程。同一年龄阶段的学生智力水平并无多大的差异,这些学生取得不同的成绩,在很大程度上取决于他们的非智力因素。非智力因素一般指情感、兴趣、注意力、意志等,在听力上则表现为学习情绪、学习态度等。这些因素并不直接介入学习,但起着激发、调节和推动学习的作用。因此,教师应当有意识地加强学生非智力因素的开发,让他们拥有正确的学习动机,形成良好的学习习惯,从而形成坚强的学习意志并保持浓厚的学习兴趣,让学生从"我想学""我要学""我会学"逐步深化到"我一定要学好"。只有把学生自己的学习兴趣调动起来时,学生才能真正从机械被动的学习中解放出来,变被动学习为生动活泼的主动学习。

(二)循序渐进原则

学生听力水平的提高不是一蹴而就的,而是一个由简到繁、由易到难逐渐提高的过程。因此,英语听力教学必须遵循循序渐进原则。教师应该根据学生的学习阶段选择听力材料。听力材料的难度由易到难,并兼顾多样性和真实性。在听力教学的初始阶段,教师应选择吐字清晰、语速较慢的材料,避免过度夸张的语音、语调,干扰和误导学生。听力的内容也应该贴近生活,选择社会热点话题、新闻、故事以及日常生活会话等,以激发学生听的欲望和兴趣。随着教学地不断深入,教师可不断增加听力材料的难度,逐步提高学生的听力水平。

(三)灵活多样原则

教学目的不同,教师采用的教学手段也不尽相同。就听力而言,在课堂上,学生锻炼听力的主要途径是听教师和周围同学讲英语。为了营造更佳的听力环境,教师应坚持全英教学,即用英语来组织课堂教学、讲解课文。当然,教师应充分考虑学生的接受能力,遵循由慢到快、由易到难、由简到繁的原则,并且在教学初期多鼓励学生大胆讲英语,以创造积极活跃的课堂气氛,达到良好的教学效果。另外,教师应根据不同的教学目标选择不同的听力材料并采用不同的训练模式。比如,让学生练习各种语音,从而领会其表述的意义;事前给学生一些问题,让学生听材料时用英语做出答案;听以正常语速讲得所学过的各种对话;鼓励学生自由选听各种材料,然后说出或写出所听的内容。教师应尽可能地为学生创造听英语的机会和条件,通过听觉接触大量的英语,逐步发展听的能力。

(四)分析性的听与综合性的听相结合原则

在听力教学中,分析性的听以词、词组、句子为单位,注重对细节内容的把握。在这种情况下,就需要学生在听材料时"抠"字眼。例如,听力题中涉及有关时间、地点、数字等问题时,就要求学生在听的过程中对此类细节特别注意并做简单记录。综合性的听则以语篇为单位,注重对听力材料的整体理解,这种原则可以解决听力题中涉及材料主旨大意、整体思想的理解等方面的问题。分析性的听是综合性的听的基础。一般来讲,听力题往往既涉及材料的通篇理解,又注重考查细节问题,所以,听力训练中就要求教师遵循综合性的听与分析性的听相结合的原则,设置相关的听力训练,培养学生的听力理解能力。

（五）丰富多彩原则

教师要以学生为本位，选取内容丰富的英语听力材料。教师可利用现有英语听力教材所提供的课文、对话材料以及考试题型，开展学生的基础听力训练，并适当选择拓展兴趣型的听力材料。如涉及礼仪社交、饮食营养等方面的材料；涉及英语语言文化背景知识的材料，如关于欧美国家社会制度、风土人情、民俗习惯、人们的思维方式和价值观念等方面的材料；经典英文歌曲和英语原版经典电影材料，通过纯正的英语及电影中精彩的表演，来激发学生学习英语的兴趣；借助 VOA 和 BBC 的英语节目材料，让学生关注世界综合新闻，了解英语国家的风俗文化。需要注意的是，教师在听力材料的选择上要考虑学生已有的语言知识和能力、学生的心理和生理发展水平以及学生的认知规律。

第三节　应用语言学视域下英语听力教学的创新方法

一、与其他技能结合教学法

英语教学中的听、说、读、写四项活动既相互独立又相互依存，因为在听、说、读、写四种能力中，任何一种能力的提高，都能带动其他能力的提高；反之，任何一种能力的缺乏，都会影响其他能力的掌握和运用。因此，听力教学要与说、读、写教学结合起来进行综合教学。这样不仅可以带动其他技能的发展，还可以创造真实的语言环境，有利于培养学生的交际能力，起到事半功倍之效。下面进行具体分析：

（一）听读结合

听读结合不仅能增强学生的语感，还有助于单词音、形、义三者统一起来，从而减少判断误差。听读结合可以二者同时进行，也可以先读后听、先听后读，还可以听读交替进行。听读结合一方面降低了听的难度，另一方面也能使词汇的发音和词形形成对照，有助于学生克服文字对听的干扰。另外，听读结合不仅可以让学生模仿到纯正的语音、语调，还可以纠正学生的错误发音。长期坚持边听边读不仅可以加深对文本的理解，而且可以提高对语言的反应速度。随着听力输入量的增大，词汇复现率也会增加，学生对常用词语也会更加熟悉，以后再遇到这些词语时，就能迅速做出反应，理解听到的内容。

（二）听说结合

尽管听力教学的重点在于听，但根据所听内容增加说的训练，有助于学生巩固听到的内容，并增进理解。这是因为，听是语言获得的必要过程，只有听到了、听懂了，才能做出相应的反应，并给予反馈。因此，听力练习的过程也是口语熟悉的过程，而口语训练的过程也是听力锻炼的过程，二者相互促进。在英语口语中，不同的语调表达不同的感情，教师必须注意这一点，鼓励学生用口语表达自己的思想感情，使学生在说的过程中揣摩不同语调的内涵。需要指出的是，在听力教学中，听说结合看起来是有听有说，但是主要的目的和主要的活动是听，所以说的部分应以简略为主。

（三）听写结合

听写结合的最佳形式是听写练习。听写是一种难度较高的听力训练活动，它要求学生在有限的时间内将听到的内容记录下来，这不仅要求学生听得懂，还要求学生写得出来。这种配合方式需要高度集中的注意力和对语言的敏感性，是测试听力的主要手段之一。例如，我国大学英语四、六级考试的听力中就有 spot dictation 或 compound dictation 的题型。因此，在平时的听力教学中，教师要有意识地培养学生听写的能力。鉴于听写的难度较高，一开始可以先听写词汇、句型，当学生的听写能力有所提高以后，再听写课文或与课文难度相当的材料。

（四）视听结合

随着英语教学手段的不断更新，多媒体教学已经成为英语听力教学的有效工具之一。那么，教师也应做到与时俱进，充分利用先进的教学手段服务更为有效的英语教学。当然，在课堂中听老师和同学讲，听英语磁带也是学生练习听力的有效途径。但除此之外，教师在课内可以让学生多看一些音像视频材料。一方面，由于视觉形象思维与逻辑思维的相互作用，可以减少影响听力的心理活动，有助于学生迅速准确地理解听力材料；另一方面，视听结合的教学手段可以增加课堂的趣味性，激发学生学习的兴趣，达到更佳的教学效果。此外，教师还可以鼓励学生在课外多看英语电视节目、电脑学习光盘以及网上视频英语等，使学生通过视听结合的方式得到更为有效地习得语言技能。

二、体裁教学法

近年来，越来越多的教师和学者开始关注体裁教学策略，并将其应用到大学英语的听力教学中。具体来说，体裁教学策略在大学英语听力教学中的运用主要分为四个步骤：体裁分析、小组讨论、独立分析以及模仿使用。

（一）体裁分析

采用体裁教学法开展教学，首先要对听力材料进行体裁分析，包括语言方面的分析和文化方面的分析。语言方面的分析包括分析体裁的图式结构，目的是让学生对某类文章的结构以及开展方式有所了解。文化方面的分析是指对听力材料的文化背景知识进行分析，包括听力材料的社会历史、风俗习惯等背景知识，以便学生对背景知识以及文化差异都有所了解。

（二）小组讨论

在本环节中，教师可将学生分为若干小组，播放同一题材的材料，然后让学生在小组中讨论这些材料的结构、语言特点等。其主要目的在于增加学生的参与程度，学生只有参与到活动中来，才能积极主动地进行思考、学习，从而对语篇形成一个深入的理解。

（三）独立分析

当学生对语篇体裁有所了解之后，教师可开展独立分析活动，即向学生播放某一体裁的典型范文，让学生模仿教师在体裁分析中所用的方法对这一范文进行分析，即从语言和文化两个方面进行分析。独立分析打破了教师垄断课堂的局面，学生具有自主学习和独立思考的机会。

（四）模仿使用

学生通过自主分析掌握了材料的体裁特征之后，教师可根据交际目的，选择社会公认的模式，让学生使用英语进行有效地交际，使学生在实际运用中牢牢掌握所学题材特征，学以致用。

三、基于学习策略的教学法

基于学习策略的教学法体现了以学生为中心的教学原则，真正将培养学生的听力能力作为教学首要目标。教师在采用这种教学法时，必须首先了解学生听力学习的策略的主要内容，如此才能有效地将其融入自身教学过程中。具体来说，学生的听力学习策略主要包括以下三个。

（一）元认知策略

1. 计划

学生在进行听力练习前，首先会对听力活动的目标、过程、步骤作出规划与安排，包括找出听力学习的特点及难点所在，同时制订短期或相对长期的目标。在这一阶段，教师可以向学生布置具体的学习任务，使学生明确听力的目的，从而为听时有选择地集中注意力做好充分的准备。

2. 监控

所谓监控是指学生依据学习目标，对学习计划中的学习进程、方法、效果、计划执行情况等进行有意识地监控。具体来说，学生要努力做到以下两点。

（1）排除干扰，集中注意力听完听力材料，有选择地注意某些信息，掌握主次信息，有效提高听力效率。

（2）积极思考，善于速记。在听力过程中，应该把握语篇的衔接手段，找出中心句以抓住整个听力材料的逻辑关系。在此过程中，学生可以利用速记符号或缩略词勾画语篇框架，使信息更加条理化、系统化。

3. 评价

评价策略是学生自我检查、自我反省的过程。学生进行自我检查，反思学习的过程和总结成效，并据此适当调整学习计划和学习方法，能更有效地提高听力水平。在听力学习过程中，学生在完成某一阶段的学习任务后，应该对自己学习计划的完成情况进行一个客观全面的评价，通过评价不仅可以看到自己的进步，还可以分析自己未能完成听力任务的原因，并找出解决问题的方法。只有这样，学生的听力水平才能不断提高。

（二）认知策略

认知策略涉及很多方面，如根据上下文、语调、主要句重音和语篇标志来推断词义；通过识别关键词和关键句来把握主题；记录重要的人物、时间、地点、数字等细节信息；有意识地将学生已有的社会文化知识和已有的语言基础知识与所听语言材料联系起来。

为了让学生更好地掌握、使用认知策略，教师可以创设一些听前活动。这样既可以激活学生已有的、与主题相关的图式，还可以传授一些与听力材料有关的背景知识和词句方面的语言知识。同时，还要让学生明白句子的重音对表达语言意义的作用，知道如何找句子的关键词、主题句，如何就已经理解的内容进行合理的推理等。

（三）情感策略

学生在学习过程中的情感状态会直接影响其学习行为与学习效果。这些情感因素主要包括学习过程中的兴趣、动机、自信、意志力、态度等积极情感，也包括焦虑、内向、含羞、胆怯等消极情感。因此，教师要充分发挥情感因素的积极作用，从而激发学生的英语听力兴趣，使之积极地参与课堂教学活动，提高教学与学习地效果。

具体来说，在学生听的过程中，教师要对学生的情感有所控制，如帮助他们提高兴趣、克服焦虑等。如果学生中出现一些不利的情感问题的现象，如自主学习策略实践的程度不够、听力的自我效能低等，教师应该及时地运用正确、积极的心理情感策略来帮助学生克服这些问题。

四、具体教学法

（一）实用听力法

1. 听新闻

经常让学生听新闻，不仅可以让学生了解国家大事，还可以锻炼学生的英语听力。因此，教师应注意在课堂上多给学生播放一些英语新闻，以培养学生听新闻的爱好和习惯，还应鼓励学生在课外也要经常听英语新闻。学生在听新闻时，不需要对每一个细节都准确地把握，对于自己感兴趣的东西，可以用心去听，而有些东西则只需有一个泛泛的了解即可。所以，学生不要带任何心理负担去听新闻，要持有一个轻松愉悦的心态去听，这样才能得到更好的效果。

但如果听新闻的目的是训练英语听力能力，那最好还是用心去听。如果所听的新闻不是自己感兴趣的，那么可以听大致的意思。这时，要注意听一些关键词，将所听到的关键词串联起来，新闻的大致内容也就清晰可见了。例如：

BEIJING, Dec.21（Xinhua） — Chinese President Hu Jintao has called on the country's enterprises to recruit more talents and strengthen research and innovation in order to facilitate the transition from "made in China, to "created in China".

Hu made the remarks during a two-day inspection to Zhuhai, a coastal city in China's southern economic center of Guangdong Province, from Sunday to Monday.

The president also visited two local technician training schools, where he encouraged the students to devote themselves to their studies in order to become talents needed by the country.

在听这则新闻时，至少要听出下面一些内容：President Hu Jintao, enterprises, recruit, talents, facilitate, transition, created in China, made the remarks center of Guangdong, from Sunday to Monday, visited 9 technician training schools, encouraged, devote, talents

在听的过程中如果能抓住以上信息，那么新闻的大致内容也就基本掌握了。

但是，如果对所听的新闻非常感兴趣，那么就应获得更多的细节信息，了解每一个细节，弄清新闻内容的来龙去脉。例如，在新闻报道前的摘要中听到一则消息：Shots are fired in a south London street by escaping bank robbers. 如果学生对这则摘要十分感兴趣，很想了解枪战发生的原因、结果等，那么就要集中精力，认真去听，以获取更多的信息。报道如下：

Shots were fired this morning in the course of an 80 m.p.h.chase along Brixton High Road in London.A police officer was injured by flying glass when a bullet shattered his windscreen as he was following a car with four men who had earlier attacked a branch of Barclays Bank at Stockwell.Police officer Rober Cran- ley had been patrolling near the bank when the alarm was given.The attackers made their get-away in a stolen car.Officials of the bank later announced that 16，000 pounds had been stolen.

要详细了解新闻内容，则必须获悉以下信息：

Shots...fired this morning...，in a chase in London.A police injured by flying glass when...，bullet shattered .windscreen as he was following a car with four men who had attacked a branch of bank Police patrolling near the bank when the alarm ...given.The attackers .get-away in a stolen - Officials of the bank later announced...16，000 pounds...stolen.

获悉上述信息后，也就能够把握报道的细节和核心内容了。

2. 听通知

听通知也是一种培养学生听力能力的有效方法。因为听通知要求我们要掌握每一个细节信息，而这对听力能力的提高也有着重要的作用。例如，外出旅行时，离不开机场或车站的广播通知。获悉上车、登机时间或候车室、进出口等信息对于外出旅行的顺利进行至关重要。在听这类广播时，就必须掌握所有的细节。例如：

Passengers to Zurich.Swissair reset to advise a delay of 40 minutes on their flight SR805 to Zurich.This delay is due to a mechanical fault.That is a delay of 40 minutes on Swissair flight number SR805 to Zurich.

在上述通知中，首先要了解飞机的航班号，更重要的是要了解"a delay of 40 minutes"飞机晚点40分钟。再如：

This is the final call for Air France to Paris，flight number AF814.Any remaining passengers must go immediately to gate 4 where the flight is now closing.Air France flight number AF814 is closing now at gate 4.

当听这则通知时，就要了解里面所有的信息，否则就会延误登机的时间。

在具体的教学过程中，教师可以为学生播放一些类似的广播，或是鼓励学生课下多听一些广播，以培养学生的听力水平。

（二）应试策略法

1. 听前预览

听前预览就是在做每一个小题之前，先把每个小题的选项通读一遍。通过听前预览，不仅可以预测要听到的句子、对话或短文的内容，还可以事先掌握一些数字、人名、地点之类的特别信息，尤其是听力中的一些人名。如果不进行预览，一旦题中提到两个或两个以上相似的信息，就很容易对听者产生干扰，进而影响正确答案的选择。可见，在做听力测试之前进行听前预览这对于有效地完成听力很有帮助。因此，教师在授课过程中要教授学生听前预览的技巧，以提高学生的听力能力。例如：

A.In the dormitory.B.In the classroom.

C.In the restaurant.D.In the library.

浏览上述四个选项之后便可猜到，问题肯定与场所有关，于是就有了一定的心理准备，在听的过程中就会关注与场所有关的词语。正如所预料的那样，该题目确实与场所有关：

M：I'm exhausted today.I've been here in the classroom all day reading and doing my homework.What about you?

W：Not too bad.But I'm hungry now.Let's go to the restaurant，shall we?

Q：Where does this conversation take place?

上述听力材料中共出现两个地点，但经仔细分析便知，C选项是干扰项，因为提到restaurant时，使用的是介词to。据此可以轻松地选出正确答案B。

2.留心关键字

无论对于谁来讲，要想完全听懂一段听力材料是不可能的，但没有听懂并不等于不能答题，有时候只听懂了其中的一部分，仍能答对问题，其中关键词的把握十分重要。因为有些题目主要就是听关键词，抓住了关键词，问题也就解决一大半了。所以，在教学过程中教师要经常培养学生抓关键词的能力，以显著提高学生的听力水平。例如：

M：Who dealt last time? I think it's my turn to shuffle.

W：Cut the deck last time，so it must be your deal.

Q：What are these people doing?

选项：

A.DancingB.Sailing a boat

C.Playing cards D.Cutting wood

只要听出关键词dealt（发牌），shuffle（洗牌），cut the deck（倒牌），deal（发牌），那么选出正确答案也就不难了，正确答案为C。

3.注意所提问题

在选择正确答案之前，首先要听懂所提问题。如果没有弄清所提问题，即便是听懂了内容也不可能选出正确答案，所以弄清楚所提问题在听力训练中也是非常关键的一步。例如：

W：John，I called you yesterday evening，but you were not in.

M：I went to the cinema with a friend of mine.

Q：Can you tell me where John went?

选项：

A.He went with Linda.B.He went to the cinema.

C.He went last night.D.He went by car.

在上述听力材料中，所提的问题是 where，根据问题，正确答案 B 也就很容易选出来了。

4.边听边记录

英语听力的测试题型多种多样，有选择题也有短文理解，而且往往不只是一句话。因此，听力测试除了考查学生的听力能力外，还考查学生的记忆力。有时学生虽然听懂了，但由于要记忆的内容太多，学生很难记住需要听的全部内容。学生没能记住重要的内容，因此很容易产生急躁的情绪。所以，教师要引导学生养成边听边记录的习惯。所记录的内容可以是数字，也可以是关键词等信息。但是记录的速度要快，单词可以采用缩写的形式，以便不影响听下面的内容。做记录时要注意以下两个方面的内容：

（1）具有选择性。在记录时，有些学生试图记录所有的信息，因此对所记录的内容没有选择性。实际上，这种做法是不科学的，因为要想记录所有的内容是不可能的。所以记录要有选择性，所记录的信息应是重要的、容易忘记的信息，如时间、地点、数量等。例如：

Here's a recipe for delicious dumplings, which you can eat

on Chinese New Year.Here is what you do.

Take a cabbage.Chop it into fine pieces.Squeeze the cabbage so as to take away all the juice.Mix the chopped cabbage with minced meat.Then you add salt and vegetable oil.Then you must make the dough.To make this, you mix flour with water.And then you divide the dough up into small pieces.And you roll out each bit with a roller into thin round pieces of dough.Then on each small piece of dough you put a spoonful of the mince.And you wrap it up like a little packet.And then you put it in water and boil it for ten minutes and then you eat it.It s delicious!

在听短文时，可以做如下记录：

dumplings, Chinese New Year, cabbage, chop, squeeze, minced meat, salt, vegetable oil, make dough, mix flour with water, round piece of dough, put a spoonful of mince, wrap it, boil it, ten minutes

上述这些记录可有效地加深学生对文章的记忆，在遇到与上述记录相关的问题时，就很容易选出正确答案了。

（2）有效地运用缩写、符号。缩写、符号等形式的有效运用可显著缩短记录的时间和减少记录的负担。因此,教师要有意识地培养学生有效地使用通用的缩写和符号的能力,以提高学生记录的效率。来看下面的缩写和符号:

Should—shd possible—poss
professor—prof teacher—teach
doctor—doc advertisement—ad
bicycle—bike gymnasium—gym

第七章 应用语言学视域下的当代英语口语教学新探

口语是人与人之间面对面进行口头表达的语言，是人类社会使用最频繁的交际工具，也是书面语的基础。对于我国学生来说，在听、说、读、写、译五项基本技能中，说的困难通常最大，因此口语能力普遍较弱。本章就从应用语言学视域具体研究当代英语口语教学中的各种问题。

第一节 说的性质与说的心理机制

一、说的性质

"说"是通过运用语言来表达思想、进行交际的一项技能。相较于书面语来说，说是一种有声的语言，是语言输出的一种形式。

说与听是密切相关的，是在听的基础上不断发展的。一般来说，说的发展主要经历了以下三个阶段：在说的动机下出现了言语的雏形；发现了内在语言的构成要素；经过言语逐渐向外在语言转换。如果具体到英语这门语言，说主要包含以下两个层面。

（1）说的技能。说的技能是从对语言知识的掌握到说的技能形成转变的一个必要的环节，简单来说就是口语的实际表达状态。说的技能不断推动和促进着学生说的能力的形成和发展。在英语中，说的技能主要包含以下几点：

语音、语调是否正确；

词汇运用是否贴切；

语句结构是否与语言表达习惯相符；

言语应变能力是否敏捷；

语言表达是否简单明了。

（2）说的能力。说的能力制约和调节着说的技能。如果说的能力强，那么说的技能必然好；相反，如果说的能力弱，那么其说的技能必定也差。可以说，说的能力的高低对说的技能好坏起着决定作用。

二、说的心理机制

说的心理机制主要包含由听到说、由不自主到自主、由想说到说明白这三个阶段，下面进行具体论述。

（一）由听到说

无论是学习母语还是学习外语，都需要先听。这就说明，听是说的前提和准备，听的准备越是充分，说的学习就越是顺利。听的阶段是沉默的阶段，虽然不开口说，但是在为说的阶段进行酝酿。从听到说，是符合语言接受的客观规律的。如果听得好，他们的发音器官就会异常活跃，最终就会产生说的意愿。

（二）由不自主到自主

英语学习是一个从不自主到自主的过程，这在说的阶段表现得更为突出。在开始的时候，学生说英语总是将其注意力放在语言形式上，无暇顾及词语、句子的意义。而且在与人对话的时候，他们也很难关注到对方说的内容，而只是被他们说得词句吸引。在这种情况下，他们的精神是相对比较紧张的，而且思路不清楚、已知的技能也会变得不熟练，这样的说也就变成了被动的、不自主的说。事实上，这是每一位英语学习者所必经的阶段。

但是，这种不自主状态是可以转化成自主状态的，那就是靠英语学习者坚持不懈的努力。从不自主转化成自主的关键是说的经验的积累以及对话语环境的适应。因此，只要在客观上满足说的条件，在主观上满足说的愿望，那么就一定可以达到自主状态。而所谓的自主状态，就是能够将自己的注意力集中于自己说的内容和对方说的内容上，而不只是语言形式上，要怎么想就怎么说出来，而不是先想好了再说。

不自主和自主是属于心理的范畴，其次才是语言的范畴。换句话说，不自主和自主是没进入和进入说英语这一角色的问题。如果进入了角色，说英语时就显得非常轻松自由，只要把自己的意愿说出来即可，而很少考虑所说的词语、句子是否符合语法规则。从这个意义上说，自主又具有相对性。

（三）从想说到说明白

当一个人说话的时候，他会受到动机的影响，产生想说的念头；然后他就会将注意力集中于想说的内容之上，这就是说什么的问题；最后，他会将想说的内容与语言联系起来，这就是怎么说的问题。因为说的过程中是相当快的，所以要求说话者能够灵活运用语言，随时对所需的语言材料进行记忆和检索，并且有足够的记忆来完成整个句子。因此，说的过程不仅仅只是一个想说、说什么、怎么说的过程，更是一个不断调整、修正和思考的过程。

第二节　当代英语口语教学的现状与原则

一、当代英语口语教学的现状

（一）教师教学现状

1. 受传统应试教育的负面影响

目前为止我国的中考、高考都还没有实行口试，部分地区虽然试行口试，但是口试成绩并未计入总分，各学校在期中考试、期末考试中也很少实行口语测试。而我国的四、六级考试虽然在日益改革中加大了听力的比重，但是并没有强制加入口语考试，对口语的要求仅限于分数高于550分（四级）和520分（六级）的学生。

另外，由于大规模口语测试的操作性难度较大，难以实现。再加上学生在生活中有较少机会利用英语进行口头交流，学生并不需要为了进行交际而实践其所学到的英语，这就在客观上给学生们造成了口语不太重要的错觉。而教师也会在无形中淡化口语教学，学生则会采取无所谓或者不合作的态度。在英语课堂教学中，有的教师在进行口语活动时，往往也只有固定的为数不多的几个口语好的学生参与，其他同学的参与程度则较低，这便不能从根本上提高大学生的英语口语水平。总之，在我国应试教育的负面影响下，学生和学校都无法真正重视英语口语应用能力的培养。

近年来，随着人们对英语口语的日益重视，不少学校开始重视英语口语课堂的教学，甚至在英语教学中设立单独的英语口语课，训练学生的英语口语能力。但是这些变化主要出现在经济发展水平较高的地区，而在我国经济发展较为落后的中西部地区，英语课堂教学仍然忽视学生的口语能力，"哑巴英语"的现象仍然十分严重。

2. 对口语能力不够重视

有的教师认为，口语教学的作用不大，可有可无，从而在英语课堂教学中忽视口语教学，对教材中的口语训练只是走走过场。还有的教师对口语流利性和口语准确性两者的关系认识不足，导致口语教学在流利性和准确性之间徘徊。例如，有的教师受交际法的影响，只是一味强调语言的交际功能，忽视语言的正确性，致使学生不能够掌握准确的英语口译；有的教师则一味强调语言的准确性，对学生在语言形式上所犯的错误过分苛求，却忽视了英语口语的流利性，使学生怯于开口说英语；还有的教师由于对口语教学的研究不足，因而平时不注意提高自己的英语口语水平，在组织学生进行交际性口语活动时显得力不从心，使得口语教学内容乏味，教学方法单调，缺乏趣味性；有的教师则由于忽略了其在口语教学中的指导者、组织者、参与者的角色，不组织学生进行交际性口语训练，致使学生无法得到必要的、有效的口语训练。

3. 英语教学课时有限

以大学英语教学为例，大学英语一般开设4个学期，每周4节课，总共只有256学时。由于大学英语教材内容繁多，多数教材包括精读、泛读、快读和听力。教学内容多和学时不足的矛盾很难解决，不少学校的精读课和听力课都无法保证，更别提进行口语训练和培养学生口头交际的能力了。有的学校为了保证精读课、听力课的进行，甚至取消了英语口语课。

此外，班级人数过多也是一个不利因素。现在我国大多数高校的英语教学班一般在50—60人之间，大大超过了科学合理的班级人数，从而增加了班级管理以及组织口语活动的难度。学生拥挤一堂听老师滔滔不绝地讲单词、语法、分析文章，然后做练习题，很少能够得到锻炼口语的机会。即使老师在课堂上留出部分时间用于口头训练，但由于时间有限，无法让每个学生都有足够的口语实践机会。久而久之，导致学生由不能张口到不愿张口最终张不开口，从而失去了说英语的自信心。

4. 欠缺评估制度

评估可以检验教学的质量，是教学中不可或缺的重要环节。我国最常使用、影响最大的评估方式就是考试。例如，小学、初中、高中都有相应的期中、期末考试，大学有英语四、六级考试。然而，这些考试多是对学生听力、阅读、写作、翻译技能的检测，而无法考查学生口语学习的质量。而专门用于检验口语水平的测试少之又少。造成这一现状的原因在于，口语考试的实施与操作都有一定的难度，如口语测试材料难易程度的把握、考试形式的信度与效度等问题。对此，大学英语四、六级考试委员会在全国部分省、市实施了大学英语口语考试，并规定了统一的等级评审标准。显然要想切实提高教师和学生对口语的重视程度、提高口语教和学的质量，仅仅增加大学四、六级口试是远远不够的，但大学四、六级口试制度的出台对于完善英语口语评估制度无疑提供了良好的示范作用。在此指引下，我国将来势必会推出更多、更科学的口语评估方式。

（二）学生学习现状

1. 语音不够标准

不同的学生有着不同的英语基础和语言接受能力，所以口语的水平也存在差异。尤其是大学阶段，学生来自全国各地，地方口音不同程度上直接影响了他们英语口语语音、语调的标准性。而且，大学生在中学时期接受的多是"灌输式"的学习方式，所以大学生的口语基础薄弱，他们中的大部分都存在口语表达语音不准确、词汇匮乏、表达不清等问题。

2. 存在焦虑感

焦虑是指个体由于不能达到目标或者不能克服障碍的威胁，使得其自尊心与自信心受挫，或者是失败感或内疚感增加而形成的紧张不安、带有恐惧感的情绪状态。焦虑一般与不安、自我怀疑、紧张、忧虑等不良感觉有关。学生在学习英语时产生的焦虑不是一般意义上的焦虑，而是学生因为要运用所学语而产生的害怕心理。

有调查表明，由于听力困难、缺乏自信、害怕出错和得到负面评价等原因，80%以上的学生存在一定程度的焦虑，只有不到20%的学生处于低焦虑状态。焦虑会给学习者带来心理压力，特别是当他们要用英语进行口头表达时。书面语允许仔细推敲，而口语却必须迅速、及时。进行书面训练时出现的错误有可能是隐含的，但是口语训练中出现的错误却是显而易见的。口语的口头性、灵活性、交际性以及出错的公开性使学生在进行口头练习中很容易产生焦虑感。因此，在英语口语课堂中，有的学生因为缺乏开口说英语的信心与勇气，担心出错、失面子、受批评，因此害怕开口；有的学生则受母语干扰，对母语产生依赖性，觉得英语很难学；有的学生在活动中没有自我表达的动机，无话可说。在我国，英语课堂是学生练习英语口语的主要环境，因此，研究课堂环境下如何降低学生的语言焦虑，提高他们的口语能力是十分有必要的。

3. 缺乏学习动机

动机是激发学生主动学习的内在动力，对学生的学习发挥着重要的作用。学生学习口语往往有着不同的动机。其中很大一部分学生学习英语口语的目的是通过口语测试，或是为了将来能找到好的工作，因此带着纯粹的目的性突击口语。他们根本没有主观上提高口语水平的动力和兴趣，因此投入到锻炼口语能力上的时间和精力很少，进而导致他们的口语交际能力也普遍较差。他们通常缺乏学习口语的动机和兴趣，口语能力也很难得到提高。

4. 缺乏良好的英语学习环境

缺乏良好的英语学习环境也是制约学生听说能力发展的重要因素。我国绝大多数学生是在汉语环境中学习英语的，除了每周有限的几节英语课外，在平时生活中很少有机会接触英语。例如，学生不必为购物或者交通等实际生活问题产生的英语语言障碍而费尽心思地学习英语口语，因此学生在课堂上学习的听说技能也难以在课外得到复习巩固。

此外，缺乏良好的英语学习环境这一问题在我国西中部经济水平较低的地区表现尤为明显。在我国中西部地区，虽然有不少的高校设立了单独的英语口语课，但是由于该地区经济发展相对落后，这些地区的学生在平时的生活中很少接触到英语，因此更加缺乏英语学习环境。

二、当代英语口语教学的原则

（一）科学性原则

在口语学习过程中，学生难免会出现各种各样的错误，有的教师会匆忙打断学生的思维和交流去给他们纠错，这样不仅会中断学生的思路，还会打击学生的信心，使学生因紧张害怕而不敢开口说英语。教师在纠正学生的错误时，要讲究策略，运用科学的方法，根据不同的场合，对不同的学生犯的不同的错误进行区别纠正。在操练语言的场合，可多纠错，但在运用语言交际时，则要少纠错。对学得较好、自信心较强的学生当众纠错会给其心理上的满足和激励，然而对于学习困难较大、自信心较弱的学生，要尽量避免当众纠错，防止加重其自卑感。在口语教学中，纠正错误的最佳方法是先表扬，后纠正，并注意保护学生的自信心以及给他们自我纠正的机会。

（二）循序渐进原则

遵循循序渐进原则，就是指在口语训练时要由浅入深、由易到难、由机械模仿到自由运用，循序渐进地展开。因为学习任何事物都不可能是一蹴而就的，都要经历一个过程。在口语教学中，有的学生发音由于不标准，教师要针对不同学生的语音特点和发音困难，对其加以引导。教师还要鼓励学生开口说英语，对语音、语调和语法的正确持性有一定的要求，并且要逐步提高。此外，教师在开始设定目标时不能太低，也不能太高，太低会让学生失去兴趣，没有挑战性；太高又会使学生在开口时产生畏难情绪。因此，一定要掌握好度，循序渐进地开展口语训练。

（三）多样化原则

在实际的英语口语教学过程中，多样化原则应该体现在以下两个方面。

（1）多样化的教学手段。在口语教学中，教师应努力创造一个轻松愉快的课堂氛围。具体来说，教师可以尽可能地充分利用学校现有的教学设备，如录音机、多媒体，让学生通过图片、视频以及地道的英语发音，轻松地学习英语，在此过程中逐渐提高自己的口语能力。

（2）多样化的教学方法。根据每堂课不同的教学目标，教师可以运用多种教学方法，设计不同的活动来训练学生的口语，如唱英语歌曲、情境对话、故事接龙、看图说话等方式。

当学生可以开口说英语后，教师应继续提高要求，着重训练其说话的流利性，并在语言的规范性、语音语调的正确性上有更高的要求，为以后的实践打下良好的基础。

（四）情境化原则

语言的运用需要在一定的情境和场合下进行，因此在口语教学中我们要重视情境这一因素。但是对我国的学生来说，他们缺乏的正是在真实情境下操练口语的机会。因此，在口语教学中，教师要根据不同的教学内容设计出不同的练习情境，让学生在一定的情境中练习口语。这些情境最好要贴近学生的生活，让学生有对真实语境亲身经历的感受，激发其参与的兴趣。

情境是多种多样的。例如，情境可以是购物、看电影、访友，也可以是一套连环画，学生可以根据连环画讲述故事等。此外，教师还可以根据不同阶段的学生在同一情境下提出不同的要求。

（五）贴近学生生活原则

教师给学生布置口语任务时，一定要注意贴近学生的学习和生活。只有这样，才能够激发学生开口说的动力。要做到这一点，教师需要做好以下三个方面的工作。

（1）教师要充分考虑学生交际的愿望和目的。

（2）教师要注意把学生感兴趣的话题与口语教学内容结合在一起。

（3）教师在设计主题或话题时，要注意其趣味性。

（六）课堂教学与课外活动相结合原则

一直以来，我们的英语口语教学活动更注重课堂的教学，而忽视了课外活动。殊不知，课外活动是课堂教学的继续和延伸，与课堂教学密切相关。因此，教师不仅要注重课堂教学，还应该注重课外活动，为学生提供活动条件，指导学生在不同场合运用所学语言材料进行正确、流利的口语操练。如组织英语角、英语演讲比赛、英文唱歌比赛等，让学生通过这些课外活动复习、巩固与提高所学的知识，培养学生说英语的兴趣。

（七）准确性和流利性相结合原则

口语表达是一种输出技能，不仅要求准确，还要求流畅。在口语教学中，教师既要开展以训练学生语言准确性为中心的活动，也要开展有利于培养学生语言流利性的活动。在技能的获得阶段，要优先考虑语言的准确性；随着学习的不断深入，在语言准确性的基础上，应该要求学生能够以正常的语速自然地讲英语。这是一个长期的过程，教师和学生都不能急于求成，要认真对待过程中取得的每一个进步。

第三节　应用语言学视域下英语口语教学的创新方法

一、3P 教学策略

在英语口语教学中，3P 教学策略也是一种常用的教学策略。

3P 教学策略具体包含三个环节，即呈现（Presentation）—训练（Practice）—运用（Production）。这三个阶段遵循由控制到自由、由机械到交际、由准确到流畅的教学程序，并且要求中心目标明确，教学程序清晰。3P 教学法具有时效性强、可操作性、实效性高等特点，不仅能够有效强化学生的语言知识和技能，还能培养学生的口语能力，提高学生学习的积极性。

（一）呈现

作为第一个环节，呈现环节一是为了确立形式、意义及功能；二是为了导入话题，激活背景知识，为训练作准备。具体而言，在这一环节教师要运用解释、示范、举例、角色扮演等方式向学生介绍新的语言项目，包括语法、句法、会话技巧、功能等，使新内容在有意义的语境中进行，而不是孤立地存在。在此环节中，教师要集中学生的注意力，确保学生对新语言的掌握。

（二）训练

做好基础准备之后，就要进入训练环节，主要是训练学生使用语言的准确度。这一环节的练习活动多为控制性和半控制性活动，以逐步增强学生的自主性。教师为学生提供各种练习机会，鼓励学生尽可能地运用新知识，采取句型操练等多种形式展示内容，以不断提高语言运用的准确性。此外，教师要注意练习的难度应由易到难，逐步加深。

（三）运用

练习过后就要开展交际性、创造性活动。在这一环节，教师要为学生提供机会，让学生将新学到的知识交际技能融入已有的知识之中进行综合使用，以使学生能够自由地运用语言进行交际。通过实际运用，可以调动学生开口说的积极性，也能使学生通过自己的进步而体会到成功的喜悦，进而培养学生的口语能力。

二、任务型教学法

任务型教学法也是英语口语教学中的重要方法。它是以学生为中心,以小组合作学习为主要学习形式,以学生完成任务为目标的一种教学法。任务型教学法以任务为导向引导学生参与教学活动,可以有效调动学生参与的积极性,增强学生的合作竞争意识。具体来说,英语口语教学中的任务型教学法主要有以下四个步骤。

(一)呈现任务

呈现任务的阶段就是帮助学生进行语言和知识上的准备工作。呈现任务时,教师要根据先输入、后输出的原则,结合学生的实际生活和学习经验,创设与学生学习或生活相关的情境,激发学生的学习兴趣。另外,教师还要为学生提供与话题有关的环境及思维的方向,以加强新旧知识之间的连接,使学生在巩固旧知识的同时,还能够掌握新知识。

教师呈现任务的方式灵活多样,如图片、投影仪、多媒体等,只要真实有效,能够促进学生语言输出即可。

(二)实施任务

实施任务是任务型教学法最为重要的一个阶段。学生在接到任务以后可以采取多种方式实施任务,如小组自由组合的方式、结对子的方式。小组自由组合或结对子的方式不仅可以为每个学生的口语表达提供练习机会,还有助于培养学生合作互助的意识,增强学习的效果。此外,在实施任务时,也可以通过由教师设计多个小任务,构成任务链的方式进行。本阶段中,教师的主要任务是监督和指导学生的活动,保证活动能够顺利有效地开展。

(三)汇报任务

学生完成任务以后,教师可要求各小组派代表或者小组内部推选代表向全班汇报任务成果。当学生汇报任务时,教师应注意不要打断学生的表达,在学生需要帮助的时候适当给予指导,尽量使学生的汇报自然、流畅、准确。

(四)评价任务

任务汇报结束后,教师和同学们要一起对任务进行评价,分别指出各个小组的优点和不足。例如,对学生的语音、语法、流利程度等方面做出评价。

此外,评价时要讲究一定的策略。总体来说,对学生的活动情况应尽量持肯定态度,以鼓励、表扬为主,为的是增强学生的成就感,从而提高他们的自信心。当然,如果学生在表达中出现比较严重的、影响交际的错误时，教师也应及时指出和纠正，以免学生一直错下去。

三、交际教学策略

英语口语教学的主要目的就是培养学生用英语进行交际的能力，而交际教学策略正是以此为导向，重点培养学生的交际能力。交际教学策略视教学过程为交际过程，注重语言的功能，认为教学内容应以语言功能为主，强调让学生在真实情景中展开交际活动，从而提升表达能力。通常，交际教学策略包含以下几种活动形式。

（一）呈现活动

呈现活动是交际活动中最为简单的一种，但对一节课的成功却起着至关重要的作用。首先，呈现活动要求教师创设一种意思清晰明了的情境，让学生在这种情境中自然地说出新的语言。同时，语言项目呈现的方式要随情境、时间、场合以及内容的不同而变化，这样才能使学生有身临其境之感，使学生了解新语言材料的正确含义。

在呈现活动中，最常用的是看图呈现形式，教师可利用图片、挂图、投影仪、多媒体等形式呈现交际情境，吸引学生的注意力，然后要求学生根据图片和画面等展开叙述，以便锻炼学生的口语表达能力。

（二）创设情境

将英语运用于实际交际是学生学习英语口语的最终目的，因此英语口语教学必须与学生的实际生活相联系，使学生能在真实的交际情境中掌握交际的要领。这就要求教师在英语口语教学中要创设各种真实自然的情境，变抽象的语言教学为情境化、形象化、具体化的教学方式，营造出轻松愉快的课堂氛围，激发学生表达的欲望。创设情境的方式有很多，以下介绍两种最为常见的方式。

1. 角色扮演

角色扮演是能有效调动学生学习积极性的重要教学手段，它简便易行，且能够有效避免机械、重复、单调的练习，能有效锻炼学生的口语表达能力，深受学生的喜爱。在角色扮演中，教师要为学生提供一个真实情境，并给出情境中的人物角色，让学生扮演角色进行交际。角色扮演能够给学生提供在不同场景里以不同的社会身份交际的机会，这样可使学生全身心地投入到活动中。

学生是角色扮演活动的主体，其可以自行分配角色并预先排练，然后在全班同学面前进行表演，而教师只在必要时进行适当指导，尽量不要干预其中。角色扮演的形式主要有三种：个人表演、两人结对演出、小组表演。例如：

Situation: A Chinese student discusses some resource saving and environmental protection techniques with her host mother in Britain.

Role A: You're studying in a university in London and staying with a British family. You do not understand why the host family has the air-conditioning on almost all the time.

Role B: You're British and think it is necessary to keep a constant temperature in the house, for it makes you and your family more comfortable.

这是一个两人结对表演活动，根据上述情境和角色划分，学生有可能输出如下对话。

A: You know, Mrs.Brady, I've been meaning to ask you something

B: Yes, dear, What's that?

A: Well, why do you always keep the air-conditioning running?

B: Why, would you rather swelter in the heat?

A: Well, It's not that.It's true that sometimes It's really hot outside and then I'm quite happy not to suffer, but it seems to me that the air-conditioning has become a habit and you keep it on even on days when it isn t so hot.

B: We like to have a constant temperature in the house, you know.

A: But it means there are always an artificial atmosphere, and never any fresh air. Why do you keep it on cooler days rather than turning it off and opening the windows? You could reduce your power bill by quite a lot too.

B: Are you trying to save me money? Am I charging you too much rent?

A: Oh no, It's not that.But we were talking in class the other day about being environmentally conscious and I was thinking that not only is the air conditioning bad for the environment, It's bad for our health and It's expensive.

B: Well.you may be right.It's just part of our lifestyle, you know.I'll tell you what. Why don t we talk about this with theothers over dinner tonight and see what they think?

A: OK, Mrs.Brady, which will be interesting.Thank you.

在学生表演结束之后，教师还需要对学生的表演情况进行评价，尽量多表扬和鼓励学生，同时要恰当地指出表演和口语表达上的不足。

2. 配音

配音是另一种情境设置的重要方式，而且其操作方式灵活、多样。教师既可以直接将视频材料中原来的声音消除，让学生根据画面场景自由发挥想象并配音，又可以要求学生先听一遍原声对白，讲解完语言点后再播放两遍让学生背诵台词，然后消除视频声音让学生对照画面回忆台词配音。由于配音活动符合年轻学生爱搞怪、爱扮演的性格特点，所以更能调动学生参与的积极性，同时引发学生主动思考、积极表达。无形中锻炼了学生在不同的情境下用英语表达的能力。

需要注意的是，用于配音的电影不是盲目选择的，教师需要遵循以下几个原则。

（1）所选取的电影语言信息含量要丰富。有些电影尤其是动作片，虽然很好看，学生也很喜欢，但是这类电影往往语言信息较少，甚至充满暴力，不适合进行配音工作。

（2）影片内容要尽量贴近生活。由于影片大多和人们的真实生活很贴近，语言也贴近生活，因此配起音来相对容易些，更重要的是能让学生学以致用，让他们真正体会到学习英语的实用性。

（3）语言发音清晰，语速适当，容易让学生学习和模仿。有些电影虽然很优秀，但是角色说话语速过快，对英语水平要求较高，学生在配音时很难跟上，这就很容易打击他们的积极性。因此，教师在选择影片时要从学生的实际英语水平出发，选择语言清晰、情节简单、适合学生水平的影片。

（4）所选的电影应当配有英语字幕，当然有中英双字幕更好，这样更方便学生配音。如果没有字幕，教师可以要求学生提前将台词背下来，如果学生对电影情节比较熟悉，也可以不背。

从实践上来看，一些优秀的动画片是不错的配音电影的选择，如 Mu Lan（花木兰）、Kung Fu Panda（功夫熊猫）等，这类电影既有中国文化元素，情节又轻松幽默，语言也十分简单清晰，很适合配音。

四、文化导入法

上述提到，文化差异对大学英语口语教学以及学生的口语学习有着重要的影响，因此教师在教学中因加入文化知识，以此来培养学生的文化素养，提高学生的跨文化交际能力。具体来说，教师可以从以下两个方面着手。

（一）运用丰富多彩的学习资料

在大学英语口语教学中，统一的口语教材多强调传统的文化交际内容，与现在不断变化的口语交际文化有些不协调。现在的口语交际具有很强的实践性，而且所涉及的文化范围十分广泛，这就要求口语教材内容要与学生的文化体验具有关联性，从而激发学生的表达意愿。因此，在大学英语口语教学中，教师要采用固定教材与补充资料相结合的方法，来克服教材单一的弊端，并通过补充材料来丰富学生的口语知识，进而为学生将来进行交际打下基础。

（二）培养学生的文化差异敏感性

在实际的口语交际中，不可避免地会遇到文化差异问题，因此培养学生的文化差异敏感性,对于学生口语能力的培养十分关键。在大学英语口语教学中,教师可采用对比的方法向学生展示大量鲜活带有文化差异的事实,以此来加深学生对文化差异的认识。例如,教师可以讲授自己的亲身经历,也可以收集日常生活中因文化差异而造成的交际失误的例子等,让学生切实感受到文化差异的重要性,从而培养学生的文化差的异敏感性。

五、灵活练习法

（一）机械练习

机械练习是指学生不需要进行太多思考就可以执行的练习。机械练习是一种最简单的练习方式,主要作用是帮助学生记忆所学句子的语音、语调和句式。下面介绍两种机械练习的方式。

1. 仿说

仿说练习中,学生先听一遍语音材料(可以是教师说,也可以是录音说),然后模仿其地道的发音、语调,感知词语、句子的使用。仿说地具体操作有以下几种方式。

（1）学生听教师示范说,并跟从仿说。

（2）学生听教师示范说,看着并指着示意图,跟从教师仿说。

（3）学生听教师示范说,跟着教师演示,跟从教师仿说。

（4）学生听教师示范说,指着或举起相应的图画,跟从教师仿说。

（5）学生听教师示范说,后独立演示动作,并跟从教师仿说。

（6）学生听录音,并跟从仿说。

（7）学生听录音,看示意图画,并跟从录音仿说。

（8）学生听录音,跟着教师演示,并跟从录音仿说。

（9）学生听录音,独立演示动作,并跟从录音仿说。

（10）学生听三遍录音,第一遍静听,第二遍跟从录音小声说,第三遍重听录音并检查自己的发音。

学生说的过程中,教师要注意检查说的效果,发现学生说的问题、纠正说的错误。检查说的效果可从以下两个方面着手。

（1）学生看示意图是否能够独立说出相应的句子。

（2）学生看教师演示动作,是否能独立说出相应的句子。

2. 替换练习

替换练习中,教师先给出几个例句,告诉学生练习的重点,并让学生用所给出的成分替换句中的相应成分。替换练习主要包括以下四种形式。

（1）以同类词替换原句型内某个单词。

（2）以单词或词组替换原句中某个单词。

（3）变换句子中名词的数量。

（4）变换动词的时态。

（二）复用练习

复用练习是一种围绕课文、教师讲过的材料或情境来开展的练习活动。学生必须通过积极的思考才能找到答案，有助于锻炼学生独立思考、分析解决问题的能力。复用练习的方式有以下几种。

1.反应练习

教师一边说句子，一边利用实物、动作、图画等将句子的内容演示出来，学生同时也要做出相应的反应。例如：

T：I am here.（指自己）

S：You are there.（指教师）

T：This is my book.

S：That is your book.

T：I am going to the door.

S：You are going to the door.

2.变换说法

教师提出一个问题，让学生用不同的表达方式进行回答。这有助于丰富学生的表达，提高对语言的掌控能力。例如：

T：What is a bookstore?

A：A bookstore is a store in which there are many new books.

T：Say it in some other way，B.

B：A bookstore is a store that sells books.

T：Still another way，C.

C：A bookstore is a store where we buy books.

3.组句练习

组句练习中，组句是利用一组句子有针对性地练习单词和句型的一种方法。这组句子有一定的格式，在重复中可以变换，既便于记忆，又生动活泼。例如，巩固单词、学习句型的组句练习对话如下：

A：What is this?

B：It is a dictionary.

A：Is that a novel?

B：No，it isn't.

A：It is a dictionary.

复习颜色词的对话如下：

A：What is this?

B：It is a smart phone.

A：What color is it?

B：It is white.

A：Where is the white smart phone?

B：It is on the desk.

4.改变句子形式

改变句子形式是通过增加状语、定语等方式，将一个最基本、最简单的句子进行无限扩充。这种练习方式是一个由易到难的过程，符合学生的认知和学习规律，便于学生循序渐进地提高句子输出的质量。例如：

Edward speaks Chinese.

Edward speaks Chinese fluently.

Edward speaks Chinese with his mother.

Edward speaks Chinese since he was a little boy.

Edward, who is born with silver spoons in his mouth, speaks Chinese fluently since he was a little boy.

5.围绕课文进行练习

围绕课文进行练习既可以让学生用课文中的重点单词、词组说一段话，也可以让学生读完课文以后回答问题。

六、功能评价法

口语教学也离不开评价，所以教学中教师也要采用不同的评价形式对学生的口语进行评价。口语教学中的功能评价，可分为形成性评价与总结性评价。此外，在功能评价中，评价的标准也起着重要的作用。

（一）形成性评价

形成性评价是学生在整个学期中口语发展的历程性评价。在形成性评价中，教师应将课堂教学的目标分解成几个阶段性评价目标，并设计相应的评价活动。根据形成性评价的要求，教师应通过建立学习文件夹、功能发展自我监控、学习者会议、学习日志等对学习者的功能学习进行评价。形成性评价的目的在于诊断学习者是否完成了阶段性目标。如果没有完成，则需要找出其影响因素以及决定下一步活动应该如何开展。

（二）终结性评价

英语口语教学中的终结性评价必须根据课堂的口语交际能力设计目标，至于口语教学中的目标达成可以采用应用性活动。也就是说，应用阶段的产出性活动本身就可以作为目标达成评价活动。这一评价是学期结束时的口语能力评价。

（三）口试评价标准

语音、总体可理解度、语法、流利度这四个方面通常是英语口语评价的着手点。

当然，标准并非一成不变，随着评价理念的变化，评价标准也会发生变化。英语口语的评价标准也是如此，它也会随着理念和内容的不同而发生变化。

第八章 应用语言学视域下的当代英语阅读教学新探

阅读是人们获取信息的一种重要途径，对学生来说也是其获取大量语言输入、刺激语言输出的一项重要方式。此外，阅读是巩固词汇、语法等语言基础知识的一个重要手段。因此，阅读教学在整个教学中一直占据着重要地位。本章就从应用语言学视域下对当代英语阅读教学进行具体探讨。

第一节 阅读的性质与阅读模式

一、阅读的性质

（一）阅读的含义

阅读不仅仅是一种语言活动，更是一种复杂的思维活动，其本质是从书面材料中获取信息并对其进行理解，从而提取其内涵意义。在研究之初，人们简单地认为阅读是按照词的属性形式创造其声音形式的过程。随着研究的深入，越来越多的学者提出了自己的观点。

布龙菲尔德（Bloomfield，1942）指出，所谓阅读就是从视觉信号到听觉信号的一种转变。随着对阅读研究的不断加深，人们对阅读的认识也更加深入。

古德曼（Goodman，1967）提出，阅读是一个善于接受语言的过程，是作者编码语言表层特征、读者建构意义的心理语言过程。在这一过程中，语言与思维相互作用，作者将自己的思想转化成语言，然后读者再将作者的语言译成思想。

巴雷特（Barrett）将阅读分为了五个过程：词组、句型的分析理解过程；信息的再组织过程；推论判断过程；知识库里调用已知知识过程；对思想的同化吸收过程（吕生统、蒋菊，1997）。

我国学者章兼中（1986）认为，"阅读是一种积极主动地思考、理解和接受信息的过程。它是一种主动积极地通过文字符号、语法、语义、修辞进行思考,预测意义和不断作出判断推理,并不断获得印证和修正,从而理解意思的高级神经系统的智力活动"。

胡春洞(1998)指出,"阅读理解不是读者感知文字的意义,而是读者赋予文字以意义";"读者之所以理解了文字,是因为他有知识体验"。可见,胡春洞提出的关于阅读的定义更强调读者已有的知识经验在阅读中的作用。

吕良环(2003)认为,"阅读是作者运用自己具备的语言知识、社会文化背景知识和学习策略,在阅读中通过对书面文字符号的感知、加工而理解作者的思想和情感的心理过程"。

综上所述,我们可以将阅读理解为信息加工的认知心理过程,即对信息进行选择、分类与解释的过程。在阅读过程中,读者必须依据自己已掌握的信息、知识和经验,对语篇进行加工,从而了解整个语篇的含义。阅读的过程是一个十分复杂的心理过程,所以要想提高阅读水平,除了要掌握一定的背景知识外,还要深入把握一些阅读策略,这样读者才能充分利用语篇信息,对语篇结构进行深层次的分析,进而检测自己的观点。

(二)阅读的心理机制

阅读的心理机制主要包含由文字到语音再到意义,由声读到直接理解,视觉信息与非视觉信息联合并用,下面进行具体分析。

1. 由文字到语音再到意义

在阅读能力发展的早期,都会经历一系列的过程。首先是由眼睛看到文字,然后在人脑中会形成视觉影像,同时引起高级神经的活动,进而产生语音,并伴随着听觉活动,最终产生被理解和接受的意义。与汉语不同,英语的形音联系紧密,因此从文字到语音再到意义这一过程的分离情况也是非常明显的。正是由于这一情况,致使从字母到拼写这一传统的教学模式成了一种固有的习惯。

一般情况下,字母是没有意义的。如果读仅仅是靠从一个字母到下一个字母的读,那么这个读就是没有意义的读。从文字到语音再到意义的阅读单位可能是单词也可能是词组或者短句,但是句子单位的阅读会受到发音动作的影响,因此一般速度不是很快。

2. 由声读到直接理解

这里的声读不仅包含出声的读;还包含不出声但声带活动的读,这主要是靠唇、齿、舌等这些发音器官的活动;也包含内心里的默读,即这些发音器官是不活动的。这三种情况虽然程度不同,但是都没有脱离声音对读的速度的影响和制约。在初学英语时,声读的最明显形式是朗读,而朗读能够帮助读者理解文本,加深对文本的印象,是一种积极有效的读书形式。但是,朗读也存在着一些局限性,它并不利于学生默读能力的发展。因此，在大学英语阶段，应该着重默读的培养，因为默读可以直接帮助学生理解文本的意义。

阅读心理学也指出，要读懂文字，根本不需要说出文字内容，因为这种将书面语解码为口语的过程并不能够帮助学生进行直接理解。因此，有效的阅读与声读、口语、语音其实并无太大的联系，反而阅读速度慢恰恰都是因为采用声读或者口语的形式阅读。

高效的阅读很大程度上是可以跳过文字到声音这一步骤，他们只需要看到一部分甚至是少部分的文字符号就能够理解整个文本，这样的阅读理解过程明显速度是非常快的。目前，高校学生的阅读速度还是明显偏低的，因此在教学中应该着重这一方面的培养，尤其是需要全面认识声读到直接理解文本的发展规律。

3.视觉信息和非视觉信息联合并用

很多人认为，在读的过程中，不仅视觉信息会起作用，非视觉信息也会起到一定的作用。其中前者是指用眼睛来感知文本信息；而后者是起潜在作用，它是由大脑提供的，主要包含阅读者全部知识的总和，即文化背景生活经历、逻辑常识、知识修养等。人们之所以能够一看到文本就能理解其意义，主要是因为视觉信息和非视觉信息联合并用的结果。

非视觉信息是对视觉信息的加工。在非视觉信息中，最重要的是文化背景知识。尽管阅读中学生会遇到新的单词和语法知识，但是由于有充足的文化知识，他们也可以顺利地完成阅读。非视觉信息的重要意义在某种程度上否定了阅读只是同文字打交道，从而借助视觉进行活动的看法。因此，在训练阅读的时候，应该将大脑训练置于眼睛训练之上，从而培养学生从意义和理解上驾驭文字的能力。

二、阅读的模式

（一）自下而上的阅读模式

自下而上的理解模式是一种传统的阅读理解理论，它起源于19世纪中期。传统阅读理论认为，阅读活动是从因素、字母、音节等这些最小的语言单位开始的，先理解这些语言单位，然后理解单词、句子，最后理解段落、篇章，整个过程是一个由低到高、自下而上的理解过程，是从文字符号到文字意义的加工过程。

可以看出，自下而上的模式认为阅读是从字词的解码开始，一直到获取文本的意义为止。也就是说，阅读过程是一个从左向右对字母—词—句子—语篇的有组织、有层次性、自下而上的理解过程。对字母的识别是对篇章理解的基础，对词的理解能够促进对句子的理解，对句子的理解是进行篇章理解的重要条件。因此，在这种模式下，阅读者要想理解语篇，首先需要具备一定的语言知识。

自下而上的阅读模式强调语篇本身的作用，认为阅读中学生所遇到的问题是语言知识层面的问题，学生对于单词、句子结构等的不熟知是影响阅读理解的重要因素。

传统的英语阅读教学受到自下而上模式的影响，教师对于阅读教学的安排主要是按照句子到语篇的顺序进行，由低到高、由简到繁进行教学信息的处理。在这种模式下，英语阅读教学的主要任务是提高学生的语言知识能力。

但自下而上的阅读教学模式带有自身的局限性。这种教学模式虽然说明了信息加工中线性模式对于阅读研究的影响作用，但是却忽视了阅读过程中各种信息间的相互作用。因此，阅读教学中忽视了学生语篇外信息提取的能力，受到越来越多的争议。

（二）自上而下的阅读模式

自上而下的阅读模式是在认知心理学的影响下发展起来的，最早出现于20世纪60年代后期。关于这一模式，多位学者为此进行了研究，其中以古德曼（Goodman）和科迪（Coady）的研究最具代表性。

1. 古德曼的观点

1967年，古德曼提出了一个著名的理论，即"阅读是一种心理语言学上的猜字游戏"。

古德曼主张，读者可以通过自身具备的句法和语义知识减少其对于语篇中书面符号与语音符号的依赖。除此之外，他还将阅读分为预测（Predicting）、抽样与验证（Sampling & Confirming）和修正（Correcting）三个过程。

（1）预测。阅读始于学生对文章的预测。阅读理解的成功与否很大程度上取决于学生的预测能力。而影响预测能力的关键因素就是学生自身已经具有的语言知识和有关阅读材料的背景知识。

（2）抽样与验证。预测完毕后，学生会从文章中节选部分语言片段验证预测。古德曼认为，抽样的范围涉及字形读音、语法和语义三个方面。其中，字形读音信息取自书面符号，语法和语义信息要靠学生的语言能力。另外，学生的句法、语义知识层次越高，其抽样的选择性便越强。

（3）修正。抽样验证之后，学生就会发现自己的预测是否符合阅读材料。若抽样证实了预测，学生就会作进一步的预测，否则将会根据抽样信息对预测进行修改。

2. 科迪的观点

在古德曼之后，科迪（1979）就阅读模式这一问题提出了自己的观点，他认为读者在阅读中应该处理好以下三个方面的能力。

（1）概念能力（conceptual abilities），指的是读者能够将零散的阅读进行汇编与集合，从而形成概念的能力。

（2）背景知识能力（background knowledge），指的是读者已经具备的常识知识以及对某一领域或话题的知识。

（3）处理决策能力（process strategies），这种能力在整个阅读过程中都有体现，具体包括阅读技能（如略读、寻读、查读等）、句法知识、语义知识、篇章结构知识。

科迪指出，在阅读过程中，读者的这三个方面的能力是相互作用的，需要其使用逻辑思维能力进行文字的理解。自上而下的阅读模式认为读者并不是被动接受文字的意义，而是依据自身的知识进行主动的意义理解与建构。因此，自上而下模式是一种读者驱动型（reader driven）的阅读模式。

（三）交互式阅读模式

上述两种阅读理解模式都是一个单向的信息处理的过程。而有研究表明，阅读中的信息传递实际上是双向的。20世纪80年代，埃斯特侯德（Eisterhold）和卡雷尔（Carrell）对认知模式提出了质疑，他们认为阅读是一个运用各种知识、信息加工和重构信息的双向过程。

大卫·鲁梅尔哈特（David Rumelhart，1977）在《论阅读的相互作用模式 X Toward an Interactive Model of Reading》中提出了交互式阅读模式。他还指出，在阅读过程中，认知和感知同时进行，清晰和模糊得以连接。阅读始于对视觉信号的加工（即自下而上的阅读模式），当语言文字被识别出来以后，学生既有的与之相关的语言知识和常识的背景图式就开始发挥作用，解释信息（即自上而下的阅读模式）。由此可见，交互式语篇理解模式将阅读过程视为自上而下和自下而上两种过程模式的结合，揭示了信息双向传递的特点，更符合认知和阅读的规律。

另外，交互式阅读模式中有一个十分重要的理论，即图式理论。图式理论最早由心理学家巴特莱特（Bartllett，1932）提出的，20世纪70年代后期被用于阅读理论的研究中。图式是指人们对于物体、事件或者情形等一般性概念的抽象表征。例如，每个人都对house的概念会有一个抽象的表征，这一表征可以因为人们加上不同的修饰词而发生变化，如elegant house，enormous house或者ramshackle house，squalid house等。图式理论认为，"阅读图式"可以分为以下三种。

（1）形式图式，即读者对语篇结构的熟悉程度，也就是读者的语篇知识。例如，相关研究发现，读者对于按照时间顺序或单向结构展开的描写文章的接受程度较高。这在一定程度上说明了文章结构对于读者阅读吸收的影响。

（2）内容图式，即读者对语篇内容的熟悉程度，也就是读者的背景知识。内容图式由两个方面构成。

语篇中涉及的专业性知识；特定文化或亚文化的生活方式、社会制度等方面的知识。读者对于语篇的理解在一定程度上受限于自身的背景知识。如果阅读者的背景知识丰富，在阅读中便能将更多的注意力放在高级阶段的信息处理上，从而提高对语篇的理解。同时，背景知识还是对语言基础知识欠缺的补充，从而保证了读者对语篇的正确理解。

（3）语言图式，即读者所掌握的语言知识以及对于语言的运用能力。

图式在语言理解过程中的作用十分重大，它能够说明人的理解过程。在本质上说，人类进行事物理解的实质是一种释义。在释义的过程中，参与者通过自己图式知识的参与，进行信息的分析、推理、对照、综合等活动，最终达到知识的运用与沟通，从而解决问题。

具体到阅读活动来说，图式理论认为，阅读对象即文章本身不具有任何意义。意义存在于读者的脑海里，取决于读者阅读过程中对大脑中相关图式知识的提取状况。

阅读理解就是选择和激发能够说明输入信息的图式与变量约束的过程。也就是说，阅读理解首先就是输入一定的信息，然后在记忆中寻找能够说明这些信息的图式，当足以说明这些信息的图式被找到或者是某些图式被具体化以后，我们就说产生了理解。

在理解过程中，加工的层次是逐步递进的。随着阅读行为的进一步加深，更高层次的图式会被激活，理解的循环就得到到了更进一步的发展，产生对句子的理解以及对语段与篇章的理解。鲁梅尔哈特认为，图式在阅读加工中的一个最重要的作用就是它的预期作用，读者正是依靠图式的这种预期作用在阅读中进行推理的，从而填补篇章信息本身的某些空白，并最终理解文章。相反，如果读者大脑中没有与之相关的图式，或者虽然具备了相关图式，但是由于某些原因而未能启动，那么文章内容的各个方面就得不到解释说明，新的信息与已有知识无法沟通，那么这篇文章对于读者来说是不连贯的，并且是不可理解的。

第二节　当代英语阅读教学的现状与原则

一、当代英语阅读教学的现状

（一）教师教学现状

1. 教学观念错误

英语教学的最终目的是语言的运用。具体到英语阅读教学中，就是指导学生能够从具体的语篇材料中获取有用信息，也就是英语阅读教学要培养和提高学生的阅读能力。

英语阅读教学中的一个很严重的问题就是教学观念落后。虽然很早就开始倡导大学英语教学改革，而且一直在实施，但在实际教学中，很多大学英语受传统教学思想的影响依然保持着陈旧的教学观念。在他们看来，知识的传授是教学的重点，也是他们在教学中的主要任务，所以他们便在教学中一味地讲解生词、逐句逐段分析语篇，然后核对答案，而没有认识到学生才是教学的主体，从而也忽视了对学生阅读理解能力的培养。

阅读是一项重要的语言技能，阅读能力的培养对学生分析、思考和判断能力的提高，以及学生学习兴趣的激发、视野的开阔、语言运用能力的提高、人文素养的培养有着其重要意义。大学英语教学也必须摆脱陈旧的教学观念，接受新的教学思想，以促进英语阅读教学更好地发展。

对此，英语阅读教学必须更正教学观念，将阅读作为一种实用的语言技能进行教授。传授学生语篇、语言、文化等知识，提高学生的思考能力、分析能力、判断能力，拓宽学生的视野，激发学生对阅读、英语乃至英语文化的兴趣，提高英语综合运用能力和人文素养。

2. 教学方法落后

就目前来看，我国英语阅读教学依然采用的是传统的单一、陈旧的教学方法。这种教学方法以应试为导向，不仅无法突出学生的主体作用，更无法满足当下学生的实际需求，因而难以激发学生的学习兴趣，培养良好的阅读习惯，最终导致阅读课程收效甚微，不能够很好地促进英语阅读教学的改革与发展。尤其是在一些教学条件落后的偏远地区，英语教师对阅读教学的重视不够、研究不足、实践不多，更加难以形成科学合理的教学方法，教学质量也令人担忧。

虽然我国的英语教学中一直提倡多样的英语教学方式，但是在实际的英语阅读课堂上，教师单一的教学方式严重阻碍了学生阅读学习的兴趣，最终影响了英语阅读的教学效果。了解了这一点，教师在具体的阅读教学过程中，应该实行多样化、针对性的教学工作。

3. 课程设置不合理

在英语阅读教学过程中，还存在着课程设置不合理的问题。这种不合理性主要表现在教学目标和教学计划的缺失。

在我国很多学校的英语教学中，都没有明确为阅读教学设立具体的教学目标。同时还有很多学校将英语阅读作为整体教学中的一个成分，并未专门为其开设课程。这种将阅读作为附属品的课程设置，不能够保证教师的阅读教学时间，因此在根本上不能提高学生的整体阅读能力。

4. 教材设计不合理

教材是教学的重要指导性资料，在一定程度上影响着教师的教学内容、教学方向。

但是纵观我国英语教材，其在设计上存在着不合理的状况，在整体上缺乏内在的连续性。

具体来说，我国小学英语教材注重词汇的学习，中学英语教材注重语法的学习与运用，大学教材则注重阅读技能的训练。虽然从表面上看，教材设计本着层层深入的原则，在教学的不同阶段，侧重性和针对性都十分明显，同时也符合学生具体的学习和认知规律。但是却存在着重要的过渡问题，也就是前一个学习阶段和后一个学习阶段缺乏一定的承接性。

这种教材脱节的现象在一定程度上影响了教学效果，对英语阅读教学也有着负面影响。此外，从教材内容上看，入选或入编的主题和篇章的结构性不足，所选社会科学主题、人文科学主题和自然科学主题在量的方面不均衡，主题筛选的广度和深度都有待于进一步提高。教材的这种编写，缺乏与学生生活的联系，因此学生对阅读的兴趣便得不到提高。

（二）学生阅读现状

1. 受母语思维影响

受文化与思维方式的影响，英汉两种语言在遣词造句上也有很大不同。例如，英语句子中只能有一个谓语动词，动词受形态变化的约束，是句子的中心，并借助一些连接词把句子的其他各个语法成分层层搭架，呈现出由中心向外延扩展的"分岔式"结构。而汉语一般通过多个动词的连用或流水句形式，按照时间的先后顺序和事理推移的方式，把一件件事交代清楚，呈现出一线形的"排调式"结构。

再如，中文习惯于将次要的描述性信息放在句子的前部，而将重要的信息放在句子的后部。与之相反，英文句式的表达特点是将重要信息放在句子前部，而将次要信息置于句子的后部。学生如果对中英句式上的这种差别熟练掌握，在阅读中就可以适当分配注意力，提高阅读的速度和效率。

2. 阅读观念错误

长期以来，很多学生对英语阅读存在着一些错误认识，具体表现如下。

（1）一些学生将词汇量等同于阅读能力，片面地认为词汇量大就意味着阅读能力强。实际上，阅读不仅仅是词汇量的问题，还受到词义把握、句子结构、语法知识、语篇分析等多方面影响。

（2）有些学生把阅读速度等于阅读能力，但事实并非如此。阅读能力不仅包括阅读速度，还包括理解的准确率。有的学生阅读速度快，理解水平却很低。虽然读完了，可是并没有抓住重要的细节和文章大意，这样就不能说他的阅读水平高。

对此，在阅读学习中，学生应当树立正确的阅读观念，既不能一味求快，也不能用扩大词汇量来代替阅读练习，而应从多个方面入手来全面提高自身的阅读能力。

3. 阅读习惯不良

高质量的阅读离不开良好的阅读习惯，而不良的阅读习惯对阅读理解会产生不容忽视的阻碍作用。下面是一些常见的不良阅读习惯。

（1）阅读视野狭小，不以句子为单位，习惯一个词或几个词地阅读。

（2）不能按照文章的顺序进行阅读，时常发生跳读；换行时，不能迅速定焦看清文字。

（3）边读边将所读内容在心里翻译成汉语，然后再继续阅读后面的内容。

（4）有的学生喜欢在心里默读或者唇读；有的学生喜欢用笔或手指着阅读；还有的学生喜欢不断回头重复阅读。

这些不良的阅读习惯不仅影响了阅读的速度，更影响着思维的连贯性以及理解能力。因此，教师应指出并帮助学生克服自身的毛病，培养正确的阅读习惯，以帮助其提高阅读的效率。

4. 背景知识欠缺

学生是教学的主体，是影响教学效果的主要因素。因此，学生存在的问题很大程度上制约着英语阅读教学的顺利开展。就目前来看，我国学生普遍缺乏英语的文化背景知识，对英语国家的历史、地理、文化等不了解，从而制约了对英语阅读教学的顺利开展。

例如，同一种动物在英汉两种文化中可能具有不同的含义。龙在中国具有悠久的历史，它既可以呼风唤雨，也可以主宰自然。此外，龙还是皇帝的化身，皇帝被称为"真龙天子"，其后代则是"龙子龙孙"。总之，汉语中的"龙"具有至尊至上的感情色彩，蕴含着"权威、力量、才华、吉祥"等褒扬的语义。但是，这样一种吉祥的动物在英语中却是一种长有翅膀、有爪子的、喷火的类似鳄鱼或蛇的怪物，是邪恶的象征。

可见，丰富的英语文化背景知识能促进学生英语阅读能力的提高；反之，背景知识的缺乏则会造成阅读理解的误解或困难。所以，学生平时应进行广泛阅读，多了解英语国家的背景知识，这样才能够保证阅读理解的准确性。

二、当代英语阅读教学的原则

（一）因材施教原则

每个学生都有自己的个性，学生与学生之间又存在着差异，学生的个体差异直接影响了学生的阅读进程。因此，教师应注意满足不同水平学生的特殊需求，力争使每个学生都能相应地提高阅读技能。对于一些阅读成绩不佳、甚至自暴自弃的学生，教师可以先给他们简单的阅读材料，并逐步增加难度，让他们看到自己的点滴进步，还要经常表扬、鼓励他们，帮助他们重新建立起学习的信心。而对于一些基础好的学生，课堂上的阅读常常满足不了他们的阅读欲望，教师应向他们布置一些富有挑战性的阅读任务，以满足其阅读欲望，比如可以介绍和推荐一些通俗的世界名著等读物。

总之，教师要认真分析学生的情况，结合每个学生的特点，在教学中有意识地对不同的学生提出不同的要求，采取不同的方法，真正做到因人而异、因材施教。

（二）层层设问原则

提问是课堂教学的必然环节，但提问应讲究一定的原则和策略，不能够盲目发问，否则会影响提问的初衷。因此，在英语阅读教学中，教师要坚持层层设问的原则，提出的问题必须具有一定的层次性，问题由易到难、由浅入深，使学生通过回答简单的问题来获得自信，在回答较难的问题时更愿意开动脑筋、积极思考，挑战自我，获得成功。如此一来，学生便可在教师的引导下逐步提高阅读理解的能力。例如，学生在阅读 Thomas Edison 一文时，教师可有层次地提出以下问题：

（1）Who was Thomas Edison?

（2）When Thomas Edison was five years old, he once sat on some eggs, didn't he? Why?

（3）Why did Edison's teacher send him away from school?

（4）How do you think about Thomas Edison? Why?

（5）What can we learn from Thomas Edison?

（三）流畅与准确并举原则

在英语阅读教学中有一种普遍的现象，有的学生明明具备完善的英语知识体系和技能，然而在阅读的流畅度方面却表现得不尽如人意。这是因为他们过于注重阅读的准确性，所以就失去了阅读的流畅度。准确度和流畅度是阅读教学中较为鲜明的矛盾，然而教师一定要找到解决这对矛盾的对策，才能达成教学目标。

在阅读教学中，教师要在准确度和流畅度二者之间找到一个平衡点，帮助学生在这两方面同步提升。实际上，提高学生的阅读速度，其目的就在于提高阅读的流畅度。在阅读中，教师要指导学生有意识地摆脱词汇识别目标的束缚，从而将大部分的精力放在阅读材料的内容和意义上。另外要强调的一点是，"反复阅读"是提高阅读速度的有效途径。教师指导学生通过反复阅读一篇文章，就会惊喜地发现学生阅读的准确度和流畅度都在不断地提升。并且，对于同样一篇阅读材料，快速读两遍比慢读一遍容易取得更好的效果。

（四）速度调节原则

阅读速度和理解能力因人而异。既有阅读速度快、理解能力强的学生，也有阅读速度慢、理解能力差的学生。换言之，阅读速度的快慢不一定等于理解能力的好坏。

在训练阶段，教师应加强一般阅读技能的训练和语言的基础知识，适当控制学生的阅读速度。教师应根据教学的进程设置不同的阅读速度，在最初进行阅读教学时，可以适当放缓阅读速度，侧重对材料进行有效的理解。

当学生词汇量增加，语义、句法知识增加，语感增强和阅读技能提高以后，阅读速度自然会随之增快。这个阶段教师就可以进行相应的限时训练，加强训练的强度，进而完成阅读教学的目标。

速度调节原则的出发点就是要求教师在阅读教学过程中做到张弛有度，根据不同阶段的教学目标做出相应的调整。教师切忌一味地追求提高速度，而忽略了学生的理解程度。

（五）多多益善原则

如果说循序渐进原则是对阅读材料"质"的要求，那么多多益善原则则是对阅读材料"量"的要求。我们知道，语言学习是一个漫长的积累过程，需要足够的积累才能达到质变，实现语言应用自动化。这就要求英语阅读教学必须使学生接触大量的语言材料，锻炼、总结、积累足够的阅读技巧、经验、语感等，才能够达到一定的语言理解和运用水平。因此，学生要想熟练掌握阅读技能，提升阅读理解水平，大量的练习和积累是必不可少的。

（六）兴趣激发原则

兴趣激发原则也是阅读教学中不可忽视的一重要原则。无论是何种学习，抓住学生的学习兴趣才能够得到最好的效果，因为兴趣可以激发一个人对事物的热情，调动一个人的积极性。学生对阅读是否有浓厚的兴趣是教学成败的关键。学生对阅读产生了兴趣，便会积极主动地投入到阅读的学习中。因此，教师要注意教学内容的适当变换和教学形式以及手段的多样化，尽量避免教学活动的枯燥乏味，使阅读教学经常保持新鲜感，使学生学会阅读，乐于阅读，变被动阅读为主动阅读。

第三节　应用语言学视域下英语阅读教学的创新方法

一、技巧教学法

为了帮助学生的阅读更加顺利进行，教师在教学中要多向学生传授一些阅读技巧，具体来说可以分为以下几种。

（一）阅读前的技巧

1. 语法以旧引新

语法知识对学生阅读具有重要的影响作用。只有语法知识掌握得扎实了，学生在阅读过程中才会通畅顺利，准确理解文意。一般来说，课文中的语法知识一般会同时出现在几个单元中，据此教师可以不断地、重复地提及反复出现或之前已经学过的语法，以帮助学生巩固知识、增强记忆。需要注意的一点是，由于学习难度的自然规律，即难度是渐进、不断增强的。因此教师可以通过旧的语法知识，引出新的语法知识，在学习新语法知识的时候也复习旧的语法知识。

2. 了解文化背景

学生在阅读文章时不仅是学习里面的语言知识，也是对文章涉及时代文化知识的了解和学习。这种学习从某种程度上来说比学习语言知识本身更加重要，因为学生只有充分了解文化背景，才能真正顺利有效地实现沟通。因此，教师在阅读教学前，应向学生介绍一些与文章相关的社会文化背景知识。这不仅能使学生更好地了解阅读的内容，还能使学生学习到异域文化知识，从而激发其阅读兴趣。例如，在教授与 Easter 有关的课文时，教师就有必要在课前准备一些相关的资料介绍展示给学生，并与学生进行相关的讨论，以唤起学生已有的知识和生活经验，激发学生的兴趣，并提问："What do you know about Halloween?"让学生交流观后感，得出一个大致的结论："It's an autumn festival."然后再进入课文，一步步地解决问题，这样课文也就很容易理解了。

3. 预测情节

情节预测对阅读的顺利完成也有重要帮助。具体来说预测文章情节不仅可以巩固学生对已有知识的掌握，还可以培养学生的逻辑推理能力，为学生准确把握文章的主旨大意提供有利帮助。教师可以在课前让学生根据题目或一些关键词，进行大胆想象，合理预测，从而激发学生的好奇心，引发学生阅读的积极性。

（二）阅读中的技巧

阅读中的教学是整个阅读教学中最重要的环节。学生在阅读过程中会用到一些阅读技巧，教师应该及时向学生传授这些技巧，以便于提高学生的阅读速度。具体来说，学生在阅读中用到的技巧主要包括以下几点。

（1）略读。略读的目的主要是通过对文章大致内容的阅读尽快了解文章的大意。通常来说，略读只需选读每段的首、尾句，有时只要指出段落的主题句，抓住阐述主题的主要事实或细节即可。

（2）扫读。扫读不要求学生仔细阅读整篇文章，只需从上到下迅速搜索所需内容即可。这种寻找文章中的特定信息或特定词组的方法，可以有效提高阅读的速度和效率。在扫读过程中，学生可以忽略那些与题目无关的信息，快速寻找那些与题目要求相关的信息。

（3）跳读。跳读可以帮助我们快速进行语言信息的比较、筛选，而且对语言敏感度以及信息捕捉能力也有很好的促进作用。跳读多用于阅读目的比较明确时，学生只需要针对阅读目的在正文中进行相应的查找和阅读即可，其他信息可以跳过不看。例如，如果想知道在什么地点发生了何事，学生可以格外关注文章中关于方位和事情经过的内容。又如，学生在做阅读理解题时，可以根据问题提供的线索，再回到文中去，明确到哪里去寻找所需的相关信息。

（4）信息转换。为了把文章中的信息保留在记忆中，可以进行信息转换，从而加深印象。在阅读教学中常使用的转换方式有以下一些方式：表格、地图、图画、树形图、循环图、流程图、条形统计图、添加小标题、圆形分格统计图表、按年代顺序再整理。

（5）寻找主题句。理解文章的关键是要确定文章的主题思想，而要想确定主题思想，首先要确定主题句。主题句往往是文章大意的概括，句子结构较为简单。主题句的位置非常灵活，一般有三种情况：位于段落开头、位于段落中间、位于段落结尾。英语的表达习惯一般先给出观点和想法然后再对观点进行具体阐述。因此，主题句一般位于段首。主题句有时也会位于段落的中间，此时段首的句子一般是对主题的铺垫，而主题句之后的段落则是对主题的进一步阐述。有时候，主题句也会位于段尾，文章的开头部分作者是对细节问题的描写，并逐层根据内容概括出文章的主题。但是在某些文章中，尤其是多段文章中，无论是段首、段尾还是段中，我们很难找到明显的主题句，实际上这类文章的主题句是融入了段落中，需要学生仔细捕捉文章细节，概括文章大意。

（6）推理判断。阅读少不了推理判断活动，因为不是所有所需信息都是能从文章字面看出来的。可见，推理判断对学生的要求较高，它是一种深层阅读要求，学生应以理解全文为基础，以各个信息为出发点，对文章逐层进行分析，最后准确地推断总结出文章的中心思想。推理判断主要有直接推理判断和间接推理判断两种。直接推理判断相对来说比较简单，它要求学生大致了解文章的意思，并根据所提供的信息合理地推断文章的结论。间接推理判断则比较复杂，学生要自己观察、推理，根据文章的深层内涵推测作者的态度和文章的主题等。

（三）阅读后的技巧

在英语阅读教学中，阅读后的阶段也是一个重要环节。很多教师在阅读完成的时候认为阅读教学已经结束，对阅读后的教学没有给予足够的重视，这是不可取的。实际上，阅读后的环节也是对知识的巩固过程，教师应及时设计一些与课文内容有关的活动，为学生提供能充分发挥其创造力和想象力的机会，让他们自由地表达读后的感受。概括来说，阅读后的教学方法主要有以下几种。

（1）复述。其前提是学生对阅读材料有了一个大致的了解，并清除了生词障碍。教师可以让学生根据图片和关键词来复述阅读材料的大致内容。

（2）转述。它针对的主要是对话性质的语篇。教师可以引导学生使用第三人称将对话性的语篇转述为描述性的语篇。

（3）填空。它是指学生在阅读完某篇文章之后，教师将文章的大体内容写出来，并在关键信息或细节部分留出空白让学生去填补。学生在填写这些内容时，既可以巩固阅读的内容又可以提高自己的语言组织能力。需要注意的是，教师要保证所留空的答案最好是可以用不同词和短语来填写的，进而有效提高自己的知识运用能力。

（4）写作。这里的写作是指阅读材料的续写和仿写，因此对学生水平要求较高。具体做法是，教师可让学生根据课文内容写作文章的摘要。如果课文是叙述性的文章，教师可以安排学生续写文章，以此来培养学生的发散性思维，扩展学生的想象力。

二、语篇教学法

语篇教学法是英语阅读教学中的一种重要教学方法。根据图示理论，当学生对某一体裁、题材的语篇材料有所了解，就会对其可能涉及的内容、遣词造句、框架结构有一个整体的认知，下次再遇到这类阅读材料时，就能将脑海中对应的图式调出来以辅助阅读理解。因此，英语阅读教学应该从整体入手，然后到局部，最后再回归到整体的一种阅读教学方法。下面就对语篇教学法的实施情况进行具体的说明。

（一）解析语篇体裁

对特定的语篇体裁有所了解，有助于对文章内容进行合理、快速的预测。从某种意义上来看，篇章结构的语篇分析是语篇教学的重点，因为这样不仅可以培养学生的阅读理解能力，而且还可以提高学生的语言综合运用能力。

在英语阅读教学中，阅读材料的体裁是多种多样的，但归纳起来，英语阅读材料多以记叙文和说明文为主。记叙文主要包括故事、传奇、传记等，说明文主要涉及科学技术、自然灾害、环境保护、饮食文化等。

在进行记叙文阅读教学时，教师要引导学生了解记叙文的特点，并让学生据此进行阅读，同时也要提醒学生注意事件发生的过程，引导他们抓住文章的主要内容，从而使他们准确理解文章内容。此外，教师也可以帮助学生记忆文章中的某些细节信息，以使学生根据这些信息来复述文章，减轻学生理解和复述课文的困难。

在进行说明文阅读教学时，教师首先要让学生对说明文有一个整体的了解，包括说明文的性质、说明文的描写重心等。教师还可以按照解释、对比、举例、数字、分类和因果等类型对说明文做进一步的分类，以使学生深入地理解和掌握说明文的特性以及写作的手法。

（二）激活背景知识

背景知识对语篇的正确理解有着重大的意义，因为它是理解一定语篇必须具备的外部语境。背景知识的激活有助于学生对文章的深层理解，也有助于掌握文章的中心思想和把握作者的写作目的以及思想倾向。其中，激活背景知识的一种有效手段就是提问。由于前文已对提问教学法进行了详细讨论，这里便不再赘述。

（三）进行整体理解

词句知识是语篇学习的基础，更是培养语篇阅读理解能力的基础，所以语篇教学除了篇章结构、相关背景知识，还包括词句知识。同一个单词处于不同的句子中会有不同的含义，句子也是如此，同一个句子处于不同的语篇中也会有不同的含义和交际功能。所以，句子也必须放到具体的语境中去理解，脱离了语境的句子就无法确定其交际功能，也不能实现应有的交际功能。英语阅读教学不应仅局限于句子层面，而应突破句子，着眼于句子在整个语篇当中的作用。

总体来讲，如果不影响阅读理解，那么在处理词、句子和语法时没有必要逐句释义。同时也要培养学生依据上下文推测词义的能力，使学生能够在语篇的基础上把握词句含义，将词句回归到语篇语境当中。

（四）逐段消化吸收

在这一环节中，教师要将课文中的语言点，如常见短语、句型以及固定搭配等指出来，指导学生造句练习，以使学生能够熟练掌握和运用。

需要注意的是，这一环节的实施要遵循精讲多练的原则，并且教师还要有意识地向学生说明段落主题句经常出现的位置、段落的构成、每一段在语篇中的作用等，以使学生从整体上理解和把握各个段落的意义及作用。

（五）综合训练巩固

将所学知识内化为语言技能、将语言技能转化为英语交际能力是语篇教学的主要目的。所以，当学生对语篇的内容、结构以及融合的知识有了一定的了解和掌握之后，教师就要有意识地引导学生进行整体吸收和运用，鼓励和指导学生根据篇章所提供的信息进行交际活动，如转述、缩写等，围绕作者的观点进行讨论，围绕重点词汇和句型进行说写活动等，让学生处在交际的情境中，训练学生的语言表达能力，培养学生的实际交际能力。

三、交际教学法

所谓交际教学法，即运用交际的策略来培养学生的阅读理解能力。交际教学法对英语阅读教学有以下两个意义。

（1）交际教学法能充分调动学生的积极性、主动性，既能活跃课堂气氛，利于自由愉快、灵活多变学习方式的形成，又可以开阔学生的思维，有助于学生交际能力的培养。

（2）学生在获得交际能力的同时，也能检验和提高自己分析、归纳、总结的能力和阅读理解的能力。

下面是交际阅读教学法的具体实施步骤。

（一）预读环节

当发现学生的阅读面比较狭窄的时候，教师可以在预读环节，从学生熟悉的日常话题着手，引出主题、列出关键词句，使学生充分联想和想象，引起学生的兴趣。学生在回答各种问题的过程中，就会了解到与文章相关的背景知识。

（二）阅读环节

阅读环节可以让学生快速阅读课文并回答问题，掌握文章主旨思想，也能加深他们对课文主题的理解以及对各段落大意和段与段之间的联系、文章的整体结构的把握。

（三）读后环节

教师在读后环节可以设计一些检验学生是否获得课文主要内容和信息的练习，通过回答一系列问题，加深学生对文章主题的理解。

在阅读教学过程中，教师还可以采用角色扮演、情境对话等方法巩固学生所学词汇、语法。在课堂上，师生要尽量运用英语进行交际。

四、文化讨论法

在阅读教学中，教师可以适时导入文化知识，将英语文化分为若干细小的主题，定时组织全班学生针对特定的主题进行讨论，并在此过程中给予及时的监督和指导。经过讨论和头脑风暴，学生不断积累文化背景知识，并且可以有效地解决某些跨文化交际问题。对于不同的文化主题，学生把握和讨论的难度不同。教师首先要确定一个合适的可以引起学生兴趣的主题，另外还要在整个讨论过程中处于支配地位。随着讨论的主题数量的增多,学生掌握的文化背景知识也相应地增多。所以,教师应该循序渐进地增大文化主题的难度。文化讨论法的具体作用如下所述:

(1)锻炼学生的逻辑思维。面对一个话题,学生只有认真分析、思考,才能得出有说服力的结论。面对同一个文化主题,学生会形成不同的观点、得到不同的结论。通过不同结论的比较,学生自然而然地就提高了自己的逻辑思维能力。

(2)发展学生的交际能力。在讨论中,语言表达是一个关键环节。讨论就是对话。只有将自己的思想用语言清晰地表达出来,对方才可以理解,进而给予适当的回应。思想在交际者之间来回传递,就是交际的过程。

(3)逐步增强学生获得更多文化背景知识的信心。只要学生认真思考、分析、得出结论,并在讨论中自由地表达自己的见解,都会获得一种满足感,他们了解文化的信心也会增强。

(4)提高学生的团队合作能力。讨论活动不能缺少规则的约束,否则就变成闲谈。真正有效的实质性讨论建立在良好的讨论秩序的基础之上,秩序是需要学生共同维护的。不仅如此,学生还要遵循既定的讨论规则。

第九章　应用语言学视域下的当代英语写作教学新探

写作是英语学习中重要的基本技能，是英语综合运用能力的重要体现。其不仅以语言知识为基础，还需要其他技能的配合与支持。正因为如此，写作教学在我国英语教学中一直占据重要地位。但从实践教学来看，写作一直都是我国学生的薄弱项，也是我国英语教学中的难点。本章从应用语言学视角出发，对当代英语写作教学展开具体分析。

第一节　写作的性质与写作的心理机制

一、写作的性质

（一）写作的含义

1. 对写作定义的不同观点

（1）对于写作的定义，中外很多学者都从不同的角度出发给出了解释，这里就对一些具有代表性的观点进行说明。

（2）瑞密斯（Raimes，1983）认为，写作包含两大功能，一是为了学习语言而进行写作。通过写作，学习者能够对自己所学的语言知识进行巩固，如词汇知识、词组知识以及语法结构知识等；二是为了写作而进行写作。在写作的过程中，学生动脑表达自己的观点就是强化学习的过程，就是将自己所学知识用于交际的过程，只有通过学习，写作技能才可能获得。

（3）威廉姆斯（Williams，2007）指出，写作并不是口语的附带成分，而是人们传达思想、交流情感的重要形式。写作是非常复杂的，尤其是其中的思维方式更加复杂，并且需要写作者掌握多种知识和技能。

（4）卡纳尔和斯温（Canale & Swain）认为，写作不仅是写作者将其语言能力、社会语言能力、策略能力的过程展现出来，还需要将其结果展现出来。

（5）我国学者王俊菊（2006）从认知心理学的角度对写作进行了解释，她认为写作不仅仅是视觉上的编写行为和书写过程，更是一些包含复杂活动的解决问题的信息加工过程。

总体而言，写作是写作者运用书面语言来交流信息、传达思想的过程与结果的集合，其中涉及写作者多方面的知识和技能，还涉及对其意义的传达和信息的加工。因此，写作既是语言运用的手段，也是学习运用语言的目的。

2. 对写作概念的探讨

从历史的角度来说，写作是一种创造性的活动。根据历史的记载，早在殷商时期，我国就出现了文字，而写作就是在文字的基础上产生的。此外，人类的思维也在不断地发展进步中，其基本轨迹是原始思维 - 古代思维 - 近代思维 - 现代思维 - 当代思维。当古代思维水平发展到最高阶段的时候，就有了一种创造性的活动，即写作。可以说，写作是人类思维高山的顶端。

从人类活动的角度来看，写作是一种表情达意的高级方式。美国心理学家马斯洛（Abraham Maslow）提出了著名的需求层次理论。马斯洛认为，人的行为动机来自自我实现的需要。他仔细分析了人类的需要，并将一系列需要按等级进行排列，从低到高分别是生理需要、安全需要、情感和归属需要、尊重需要以及自我实现需要。前三种需要是基本需要，后两种是发展需要，并且低级的需要得到满足后才能实现高级的需要。在基本需要阶段，人的活动是不自由的，而在发展需要阶段，人类更多的是追求一种精神的价值和意义，最终实现对自由的占有。表达是自由的本质内容，写作正是表达的重要方式，是人类高层次的需要。

人类的写作行为不仅是一种传情达意的行为，也是人类生存发展、自我实现的一种基本形式；不仅是人类接受教育的一种基本途径，更是人类生产文化、知识、精神产品的生产方式。可以说，人类的写作行为涉及人类文化生产、知识生产、精神产品的生产、人类思维原理乃至现代人类学中人的行为活动原理等各个方面。

当人类向文明社会发展时，人类的书写精神、书写行为、书写作品无疑凝聚了众多历史文化内容，隐含了人类文化生产、知识生产、精神产品生产，提到了人类思维中许多重大的课题。对于人类写作行为的科学研究必将引起对人类文明发展机制的深入研究，引起对文化生产、知识生产、精神产品生产的内在机制、内在规律的研究，引起对人类的自我教育、自我塑造工程的审视与反思。人类书写行为与人类文明的密切程度以及人类书写行为的丰富性、复杂性、综合性从根本上决定了建立这样一门新兴学科的必要性。而写作则把各种因素都集中在人类写作行为上并加以综合性的考察，这样更有利于研究与揭示人类文化生产发展的机制、规律和工艺技术。

在英语及其教学领域，我们可以从语言输入与输出的角度进行理解，即写作作为语言的输出活动，和口语一样是一种产出性技能。写作既涉及写作结果，也涉及写作过程。如果说一篇文章写得好，不仅是指其创造出了漂亮的文章，还指其创造的过程也非常完美。

（二）写作的属性

1. 主体性

写作往往是由个体的形式展开，所要传达的也是个体的思维方式和思维结果。写作中动机的产生、写作活动的开展和结束以及写作活动的深层支配，其都是围绕个体展开的。简单来说，写作的整个过程都是围绕个体来展开的。写作之所以具有主体性，主要是因为写作表达的是人的本性，纸笔的运用只是其外在的表征。基于此，即使某一文章、著作是由个人完成的，其也是沿着个体化的轨迹开始运行的。

可见，写作的本性是个体的。正如我国现代文学大师沈从文在《习作选集代序》中指出的："我虽然明白人们应该在人群中生活，需要吸取其他一切人的气息，贴近人生，只有这样才能不断扩大自己的人格和心灵。但是，当到执笔写作时，就会大不相同，除了需要用文字捕捉事象和感觉外，很明显与外界是绝缘的，不能粘连在一起。我认为应该是这样，必须是这样。一切作品都需要融入自己的个性，浸透自己的感性和人格。为了实现这一目的，写作时需要独断，彻底的独断。"

2. 社会性

写作虽然是个人行为，但它也是社会"共同体"的体现，即写作具有一定的社会性。随着社会生产力的发展，写作经历甲骨、青铜、绢帛、纸张、网络传输等不同的阶段和书记形式，即便发展阶段不同，书记形式有所差异，但有一点是不变的，即写作对社会活动的主动参与和依赖。可以说，写作以其特有的形式直接参与社会生活。无论是诗歌、小说、散文等文学创作，还是感谢信、邀请函等日常活动，写作都与人们的生活紧密相关。一方面，人类的思维和行动受社会活动和生活形态的影响，反之社会活动和生活形态也决定着写作的走向和形态；另一方面，写作记录着社会的发展历程和不同面貌，对社会发展和社会活动起着"备忘录"的作用。

3. 独创性

首先，与动物相比，人类的写作活动具有独创性。动物不可能像人那样自己制造工具，只能根据自己的本能来活动。相比较而言，人类能够创造和使用工具，而且对工具有着依赖感。人类能够进行思维活动，能够在有限的外在现实中创造一个无限的内心世界，而内心世界又反过来制约着人的外在现实世界。"夫文心者，言为文之用心也。"古学者刘舞也一语道破了写作的本质。在这里，"为文之用心"就是说写作要认真进行思维，这也说明写作是一种思维活动。由此可见，写作是受写作主体认识、情感、意志等内在精神世界支配的活动，而不仅仅是外在的一般活动。

其次，人与人相比，每个人的写作活动都各具特色，具有独创性。美国作家威廉·W.韦斯特（William W.West）在他的《提高写作技能》一书中明确指出："任何写作都具有创造性，且任何写作都包含一种新的表达过程，涉及起源、发展、形成。即使作者在写作中使用的是二手资料，作者也能够创造出一种新的、唯一的表达形式。这是因为，在写作中作者会产生一些新的东西，这些东西是认真的且能够表达出作者的才能。"韦斯特的这一阐述非常有力且具体，并且深入地说明了写作是因为写作主体的独创而具有独创性。当写作主体具有一定张力的思维后，他们就将自己的思维以独特的形式呈现，这也使得写作的东西更加令人赏心悦目，并成为独特的商品。在这一过程中，写作行为也在发生改变，即由普通的精神生活逐步上升为精神创造。

4. 实践性

写作是一种实践性非常强的主观活动，写作的目的就是交流信息、传达思想。实际上，最初的写作并不是要求人们为了抒发情感，也不是为了进行创作，而是为了向大家说明一些重要的事情。随着人类的不断进步，其改造世界的经验也变得更为丰富。但是，这些经验会随着持有者的不断消失而消失。为了保证这些经验能够传承下来，避免后代走弯路，人们就有了一个愿望，即能够将言语传达出去，并在时间上予以固定。因此，一些记录工具、记录符号不断发明出来，这也是为了实现这些愿望作准备的。通过这一点可以知道，最初的写作与人们的社会生活是密切相关的，尤其是其具有存储信息的作用。

从心理学的角度而言，写作则是生产和创造活动。最初的写作活动是为了记录和传递信息，但在写的过程中，人们发现了更加重要的东西，即精神生产。通过"写"这一活动，可以将人类虚无的精神转化为物质符号，使得虚空的意识具有了物质的形式。如果不经过"写"的活动，即使人具有丰富的意识，也无法证明其存在。可以说，写的行为证实了人内心世界的存在。

5. 交流性

人们之所以进行写作活动，从根本上来说是为了交际，因此写作具有交流的特征。写作活动作为一个开放性系统，具体包含写作主体、写作客体、写作载体和写作受体四大要素。可以说，写作的过程就是四个要素之间的交流过程。在写作产品的生产阶段，交流活动主要发生在写作主体与写作客体之间。在这一阶段，写作主体不断认识写作客体，写作客体也不断向写作主体传递自己的信息。而在写作产品的流通阶段，具体包含以下三种交流活动。

（1）写作主体通过写作载体获得与写作客体之间的交流。也就是写作主体通过写作载体传递信息，写作受体再通过写作载体获得信息。

（2）写作主体与写作客体之间的交流。通过写作载体，写作主体达到了与写作客体的交流，这一方面加深了写作主体对写作客体的认识，另一方面也能使写作主体发现写作载体的不足，进而不断对写作载体进行完善。

（3）写作载体与写作客体之间的交流。这是一种隐性的、间接的交流，是通过写作主体的认识和实践实现的。

二、写作的心理机制

了解写作的心理机制，有助于提高英语写作教学的效果。一般来说，英语写作的心理机制涉及以下几点。

（一）由视觉到运动觉

由视觉到运动觉是书写的心理机制，视觉活动是书写训练的起点。具体来说，学生观看书上、黑板上的书写示范，在大脑里形成明晰的英文字母形象。形成的视觉形象越清楚、越深刻、越正确，下一步的模仿就会越顺利、越准确、越迅速。可见，书写是一个由观察到临摹、由临摹到自主、由自主到熟练的过程。虽然模仿是运动性的，但却与视觉有着密不可分的联系。

书写的基本要求是正确、快速、美观、清楚。因此，教师应清楚地意识到自己对学生的示范作用，应从教学的第一天起就为学生展现完美的书写，形成鲜明、精确的视觉表象。此外，教师还要使学生养成看、想、写一体化，或动眼、动脑、动手一体化的良好书写习惯。

（二）书写技巧动型化

书写技巧动型化是指书写基本单位的自动化书写技巧，要求运笔动作连贯且迅速。换句话说，就是在书写过程中一个动作紧扣另一个动作，一个基本单位的书写动作已经自动化。可见，书写技巧的动型化其实是高度的熟练化。随着熟练程度的提高，书写单位应从单词逐步扩大到短语、分句和段落，这不仅可以明显加快写的速度，而且可以提高学习效率。

为了帮助学生掌握动型化的书写技巧，教师应通过多种方式引导学生进行练习。不但要经常在纸上练书写，而且要习惯于在脑子里练书写，在脑子里经常对字母、单词、句子从书写形象上"过电影"，做到心手合一。

（三）联想性的构思能力

联想性的构思是人对种属关系、因果关系、空间关系、时间关系以及层次关系等各个事物之间的相互联系以及相互关系的认识，是写作心理活动的核心。语言是思维的工具，学生应该逐步地把英语作为思维工具来使用，以便逐步地学会把英语作为交际工具来使用。而把英语作为思维工具来使用的重要的一步，就是发展和养成英语的联想习惯。例如，由 season 联想到 spring, summer, autumn, winter, 进而联想到 warm, hot, cool, cold 等；由 family 联想到 father, mother, brother, sister 等。

联想性的构思能力越发展，学生对英语上下文关联的感觉就越发达。因此，教师应重视联想性构思能力的培养。这不仅可以提高学生英语的写作能力，还可以提高学生的思维能力，促进学生对所学英语各个方面的牢固掌握，用灵活的方法把英语学活。

（四）演进式的表达技能

演进式的表达技能是联想性的构思能力的具体表现，可以把定式思维、层次想象、系统回忆和连贯言语融为一体，使学生的英语写作不仅显得有条理，而且很迅速。例如，以 I like to draw 为题的作文，其演进如下：I am a middle school student.I like to draw. I draw mountains, rivers, trees and birds.Now I am drawing a tree.Look! I have drawn it.There are leaves and flowers on it.The leaves are green.The flowers are red.They are very beautiful. 可见，演进式的表达技能可以直接促进学生的推理能力、汉语表达能力以及对其他学科内容的理解，具有很强的教育意义。

第二节　当代英语写作教学的现状与原则

一、当代英语写作教学的现状

（一）教师教学现状

1.教学改革滞后

受传统教学思想的影响，我国英语教学一直都是应试教育，这也阻碍了英语写作教学的进一步发展。近年来，虽然许多专家、学者、教师开始越发关注学生的英语学习能力，但是因为改革力量薄弱，效果甚微。例如，学生英语思维能力的多方位、多角度、发散性、创造性、广阔性和深刻性仍然没有得到足够的重视和训练。教师在实际授课过程中，也时常为了教写作而教写作，而未能将其与其他技能的教学有机地联系起来，使写作教学成为一个孤立的存在，最终使写作教学事倍功半。

2. 课程设置不合理

尽管大多数教师和学生都早已认识到了写作的重要性，但由于课程设置不合理的情况客观存在，写作教学仍未得到应有的重视，效果也不尽人意。具体来说，在每单元的课文讲解、听力理解、阅读理解等方面耗费了教学的大部分时间，导致几乎没有多余的时间留给写作教学，大多数时候写作只是作为教师留给学生的课后作业存在的，这就使得写作成了可有可无的教学内容。这样的课程设置很难使学生的写作知识得到丰富，而学生的写作能力也就很难得到提高。

3. 教学方法落后

教学方法单一陈旧也是导致现有写作教学效果不甚理想的重要原因。很多教师依然沿用传统落后的结果教学法开展教学，即向学生提供不同类型的范文，对范文稍加讲解之后要求学生参照范文模仿，并要求学生在规定的时间内利用课外时间完成写作任务，最后由教师进行批改和讲评。这种教学方法过分重视写作的结果，而忽视了师生之间、生生之间的交流过程，也忽视了对学生写作问题、技巧和规律的指导。长此以往，学生就会失去写作的兴趣和动机，写作能力自然也就难以提高。不可否认，在学生学习写作的初始阶段，模仿的确发挥着重要的作用，但模仿仅仅是一种手段，创造性的写作才是写作的最终目的。因此，在教学中教师要灵活采用各种方法来培养学生的创造性写作能力，并注重师生和生生之间的沟通，重视对学生学习兴趣的培养。

4. 教学时间不足

教学时间不足一直都是制约学生写作能力提高的重要障碍。由于英语是我国的第一外语，而且英语写作教学是在英语整体教学中展开的，因此教师除了要准备写作教学之外，还要进行语音、词汇、语法、听力、口语、阅读、翻译方面的教学。繁重的任务致使写作教学时间严重缺失。

而众所周知，写作能力的提高需要的是长时间的训练和练习，但是由于教学时间的不足导致我国的英语学习者写作能力较低。除此之外，我国的英语教学在很大程度上都是应试教育，因此对分值相对较少的写作重视不够，这也是影响学生写作能力提高的重要因素。

（二）学生写作现状

1. 文章言之无物

英语文章的写作不仅需要学生掌握扎实的语言知识，还需要学生具有广博的文化背景知识，具备了这两个方面的知识，学生写出的文章才会言之有物。但现实情况是，大部分学生都缺乏这种综合知识，再加上缺乏实际生活需要的语料，导致了作文内容单薄、肤浅，细节不足，深度不够，整个文章的质量都不高。

2. 套用结构情况严重

我国传统英语教学的应试教育倾向较为严重，所以很多英语教师都将注意力放在对学生的英语应试能力的提高上。而学生受这种教学观念的影响，再加上平时缺乏必要的练习，因此在考试前常将希望投向各种作文模板。这些模板对学生的写作不可否认具有一定的积极意义，能够提醒学生在写作时注意文章的整体框架并能在一定程度上增强文章的连贯性。但从长远来看，这些模板存在的弊端对学生的负面影响更大。很多学生由于写作基础薄弱，在没有真正理解如何安排组织段落和恰当使用连接词的情况下，机械生硬地套用格式，导致文章经常出现连接词误用、段落衔接不自然等问题。

3. 文章缺乏连贯性

我国学生在写作时存在的另一个突出问题是文章缺乏连贯性。例如，文章往往缺少主题句，且句子之间缺乏必要的关联词，这就使得语序混乱，表达不通顺，主题思想不够突出。我们知道，写作的最终目的是表达思想和交流，如果不能依据一定的语法规律和交际原则形成有序的结构，那就无法形成具有连贯性的语言表达，也就不能顺利表达思想，导致交际的不畅。因此，我国学生应当在平时写作训练中注意加强文章的紧凑感，形成一个有意义的篇章结构，促使交际的顺利进行。

4. 缺乏文化知识

语言学习同文化学习密不可分，一旦学生缺乏对所学语言国家的文化背景知识的了解，其语言学习就会受到阻碍。因此，要想学习和掌握英语，必须了解和掌握英语文化。我国很多学生虽然在一直学习英语，但思维依旧停留在汉语思维上，很少接触英语文化知识，因此他们的思想和思维方式比较中国化，写作也是汉语式写作。所以，大部分学生除了缺乏基本的语言知识外，文化背景知识也有待提高。丰富的文化知识对写作有着显著的促进作用，它可以使学生形成西方思维，写出的文章更加地道。

5. 语言基础知识薄弱

语言基础知识掌握得不扎实是我国学生写作普遍存在的问题，主要表现是学生作文中经常出现很多语法错误，表达也比较混乱、啰唆。

（1）语法错误，主要有以下几种情况。

词语使用错误。例如：

Because Bob is more interested in Chinese than in history, he sometimes slights it.

上述例句中，it 指代不明，读者不清楚 Bob 究竟是忽视中文还是历史，而改为"Bob's interest in Chinese sometimes makes him slight history."

If I had my choice of seeing a concert or opera, I would choose opera.

上述例句中，opera 前缺不定冠词 an，应改为"If I had my choice of seeing a concert or an opera, I would choose opera."

时态使用不当。例如：

My deskmate do his home work when his cell-phone ring.（错误）

My deskmate was doing his homework when his cell-phone rang.（正确）

At the beginning of his reign，King John is very suspicious of his nobles and decided that he would put them to a test before he trusted them with policy-making.（错误）

At the beginning of his reign·King John was very suspicious of his nobles and decided that he would put them to a test before he trusted them with policy-making.（正确）

成分缺失。例如：

Up to this day are still clinging to the old ideas.

上述例句中，clinging to 缺动作的发出者，即主语，可改为 "Up to this day they are still clinging to the old ideas."

（2）表达错误，主要有以下几种情况。

语序不当。例如：

I saw the film last summer in Shanghai.（错误）

I saw the film in Shanghai last summer.（正确）

用词烦琐。例如：

This teacher knows how to make an uninteresting subject interesting.

上述例句中的 uninteresting 表达较啰唆，用 boring 代替 uninteresting 会使表达更加简练，即 "This teacher knows how to make a boring subject interesting."

表达缺乏重点。例如：

He distrusted me，I was new.

上述例句中，前后两个短句之间连接不当。可以用句号，分成两句来写，也可以用连词 because，如"He distrusted me because I was new."

二、当代英语写作教学的原则

（一）以学生为中心原则

学生是教学过程中的主体，教师所有的教学活动都是围绕着学生的需求进行的。英语写作教学也不例外，必须坚持以学生为中心的教学原则。在英语写作教学中，只有充分发挥教师的主导作用，调动学生的积极性，树立以学生为中心的教学思想，才能切实提高教学质量。教师可以通过多种多样的教学活动，帮助学生积极地参与写作活动。比如说，小组讨论是一种非常好的方式，教师可以采取提问式、复习式、卷入式、学生互助式等活动达到对学生帮助的目的。

（二）多样化原则

遵循多样化的教学原则需要做到以下两点。

1. 表达手段的多样化

英语的表达手段十分丰富，同一意思可以使用不同的句型来表达。在写作教学的过程中，教师指导学生写作的重要途径，是引导学生使用不同的句型结构来表达同一意思。这不仅可以弥补学生在语言知识上的不足，而且能发散学生的思维，从而把知识变成技能，灵活运用语言。例如：

I got up late this morning.I had to catch the early bus.I was late for class.

我们可以使用以下几种不同的方式来表达这个简单句（宫可成，1993）。

（1）I got up late this morning and had to catch the early bus.That was why I was late for class.

（2）I got up late this morning and I had to catch the early bus, so I was late for class.

（3）I was late for class.It was because I got up late and had to catch the early bus.、

（4）I was late for class because I got up late this morning and I had to catch the early bus.

（5）Getting up late this morning and having to catch the early bus, I was late for class.

（6）The reason why I was late for class this morning was that I got up late and I had to catch the early bus.

（7）If I had not got up late this morning or hadn't had to catch the early bus, I would not have been late for class.

（8）If I had not got up late this morning and hadn't had to catch the early bus, I would not have been late for class.

（9）As I got up late this morning and I had to catch the early bus, I was late for class.

2. 写作文体与训练形式的多样化

从文体上看，可以写议论文、记叙文、说明文，也可以写便条、书信、通知等实用文体。

从形式上看，可以是口头作文，也可以续写故事；可以写提纲训练谋篇布局，也可以写扩展段训练发散思维。此外，还可以让学生进行扩写、改写、缩写、仿写、情境作文等练习，让学生逐步掌握写作的技巧。具体来说，扩写有助于培养学生的想象力，但要求学生想象合理，做到符合原意，符合实际的要求。对于改写，可以指导学生将教材中的对话进行改写，这不仅有助于学生研读原文，更有助于学生把握文章的中心思想。当进行缩写练习时，可按照关键词-思考-讨论-复述-动笔这样的思路将课文中的关键词串联起来，然后写出本课的主题或中心思想。而在仿写练习时，可以让学生先仔细观察再临摹，最后自主写作，进而熟练。情境作文有助于培养学生的综合能力，它要求学生把平时所学的知识积累，提炼并转化为带有感情色彩的优美的文字语言。可见，每种练习形式都各有其优点，只有多做这方面的练习，才能真正提高学生的写作水平。

（三）重视写前准备原则

坎贝尔（Campbell）认为，写作前有必要进行调研、收集资料、积累材料、酝酿论点及分析问题等活动。积累写作素材既是重要的写作准备活动，也是培养写作能力的重要手段。为了让学生积累更多的写作素材，更好地培养学生的写作能力，教师要鼓励学生在阅读范文的基础上对一些段落、句子、词等进行背诵。背诵输入有助于克服英语写作中的负迁移，产出地道的英语。地道的英语是通过一些固定而优美的句型和英语的习惯说法来表达的。学生之间的讨论在写作过程中也具有十分突出的作用。通过讨论，学生可以获得写作的素材。头脑风暴、对话题的讨论、构思等写前活动不仅可以减轻学生的写作负担，而且可以培养学生的写作的认知策略以及学生对写作的积极情感。

（四）任务原则

传统英语写作教学往往存在教学语言脱离语境、脱离功能的现象，这样造成的消极结果有两个：一是学生虽然可以建构准确的语言形式，却无法用这些形式得体且完整地表达意义；二是所学语言脱离实际生活，无法调动学生的积极性。而任务化教学可以通过布置写作任务，让学生在完成写作任务的过程中充分理解语言形式和功能的关系以及语言与语境的关系。因此，当代英语教学应当坚持任务原则。

（五）综合原则

综合性原则也就是与听、说、读相结合的原则，因为写作并不是孤立存在的。英语学习是一个系统的过程，写作只是英语教学的一部分。虽然听、说、读、写各有特点，但在本质上它们之间是相互依赖、相互促进的关系。具体来说，说可以为写奠定基础，而写则是说的发展；把听作为输入的方式来获取写的内容，以写来反映听的结果；通过阅读范文，学生可以获取一系列的写作资源，如语言、观点、篇章结构等，这些通过阅读获得的写作资源在一定程度上减轻了学生的写作负担。

（六）科学纠错原则

学生在写作过程中存在错误是正常的，也是不可避免的。教师对待学生错误的不同态度会直接影响学生写作的兴趣与动机,正确的态度可以激发学生的写作动机,反之则会打击学生的积极性。因此,教师应该宽容对待学生写作中存在的错误,鼓励学生在写作中大胆使用新的词汇,这样可避免他们为了追求语言的准确性回避使用新的语言形式。当然,对那些学生经常或集中出现的错误应当进行详细讲解,以免学生再犯错。

第三节　应用语言学视域下英语写作教学的创新方法

一、基本策略教学法

学生在写作时通常按照选题构思、开篇、段落、结尾等顺序展开写作任务。在这一过程中会用到多种写作策略,教师在教学过程中应注意向学生传授,帮助其顺利进行写作。

(一)选题构思策略

在进行写作之前首要对选题进行构思,构思是写作的基础和前提。以下就介绍几种常见的构思策略。

1. 自由写作式

自由写作式这种构思策略是指在看到文章题目之后,大脑便开始思考,然后将大脑中形成的所有观点和信息记录下来并进行筛选,从中选取认为有用的信息,删除多余的信息。这种构思方式不受限制,思路可以完全打开,而且写作的框架也会随之形成。例如,要写一篇题为 How should we spend our spare time? 的文章,可以这样打开思路:

How should we spend our spare time? Go to a park, fishing, playing basketball, sports, doing homework, reading books, newspapers, magazines, visiting friends, go to movies and play computer games, no it's not good.Waste time.We'd better finish the work first.Do some housework ...

2. 思绪成串式

思绪成串式是指将主题写在纸的中间,并画上圆圈,然后将所想到的与主题相关的词都写出来,画上圈,然后对这些关键词进行总结归纳,最后确定写作思路。

3. 五官启发式

五官启发式是指将主题与视觉、听觉、嗅觉、触觉等几个方面联系起来进行思考,搜寻与题目有关的材料。在写一篇文章时，这几个方面没有必要全都考虑到，可依据实际情况进行选择。例如，要写一篇题为 My Best Friend 的文章，就可通过以下方式开始。

视觉：He has a round smiling face.He walks slowly for he enjoys talking while walking.He likes to swing his pen in his hand when he has nothing to do with his hands in class.He often makes faces when he's happy.He does his homework quickly and often helps others and me with math problems.He likes to play ping pong with me.

嗅觉：I could smell his feet and sweat in summer.This shows he enjoys sports very much in a way.

听觉：He whistles a tune when he is alone.He can talk on and on about computer games. Whenever he understands something, he is always saying, Oh, I know, I know.

触觉：When we play ping-pong, I can feel his toughness and strength.And he is quite good at it.

（二）开篇策略

文章的开头部分最引人注意，如果有一个精彩的开头，那么就会很容易吸引读者的注意力，因此在开篇时也要注意运用一些有效策略，以使文章更加出彩。常见的开篇方式有以下几种。

1. 开门见山

开门见山就是在文章的一开始就提出观点，明确主题。这是英语写作中最为常见的一种开篇方式。例如：

As food is to the body, so is learning to the mind.Our bodies grow and muscles develop with the intake of adequate nutritious food.Likewise, we should keep learning day by day to maintain our keen mental power and expand our intellectual capacity. Constant learning supplies us with inexhaustible fuel for driving us to sharpen our power of reasoning, analysis, and judgment.Learning incessantly is the surest way to keep pace with the times in the information age, and reliable warrant of success in times of uncertainty.

2. 下定义

下定义就是在文章的开头给出必要的解释说明，以帮助读者理解。例如，题为 Financicd crisis 的作文，可用以下方式开头：

Financicd crisis, also known as financial tsunami, refers to the dramatic deterioration of the financial indicators of a certain country or several countries and regions in the world（下定义）.It can be classified as currency crisis, debt crisis, banking crisis, sub-loan crisis, etc.The feature of the crisis is that people are pessimistic about the economic future because of monetary depreciation occurring throughout the region.The causes for the crisis are complicated with multiple reasons, mainly from three aspects, the U.S.consumption habits of borrowing, the idea of free economic management, the economic environment and specific policy instruments.

3.描写导入

所谓描写导入就是以背景描写为基础，逐步引入正题。例如：

Nowadays college students are seen waiting on tables, cleaning in stores, advertising in streets, tutoring in families and doing whatever work they can find.（描写作引言）It has become fashionable for college students to do some odd jobs in their spare time.（中心思想——打工的普遍性）

4.以故事引入

以故事引入就是文章的开头讲述故事，并以此引出下文。这种开篇方式可有效激发读者的阅读兴趣。例如：

Most of us may have such experiences: when you go to some places far away from the city where you live and think you know nobody there, you are surprised to find that you run into one of your old classmates on the street, perhaps both of you would cry out: "What a small world!"（通过故事，最终引出自己的观点）

（三）段落展开策略

关于段落的展开，下面是四种常见的方式。

1.按时间展开

按时间展开是指文章按照事情发展的顺序来展开，即先发生的事件先写，后发生的事件后写。该方式常用于记叙文。例如：

By the time he was fourteen, Einstein had already taught himself advanced mathematics.He already knew what he wanted to be when he grew up.He wanted to study physics and do research.The problem was that Einstein's family did not have enough money to pay for his further education.Finally they managed to send him to a technical school. Later they were able to send him to an important technical college in Switzerland, which he entered in 1896 at the age of seventeen.He studied hard and received his degree at the end of his course.He wanted to study for a doctor's degree, but he did not have enough money.The question was how he could find enough work to support himself.First he worked as a teacher.Later he got a job in a government office.This work provided him with enough money to live on.Also he had enough time to study.He went on studying and finally received his Doctor's Degree in 1905.

2. 按空间展开

按空间展开就是文章按照一定的空间顺序和方位展开叙述，如从上到下、从左到右等。该方式常用于描述景物或一个地方。例如：

One of the most interesting places to visit in Singapore is the bird park.It's located in the industrial area of Singapore, called Jurong.The bird park is about twelve kilometers from the center of the city and it's easy to get by bus or taxi.

It's one of the largest bird parks in the world.The birds are kept in large cages, and there are hundreds of beautiful birds from many different parts of the world, including penguins, parrots, eagles, and ostriches.There's a large lake in the park, with a restaurant beside it.There's also a very large cage.You can walk into it to get a closer look at the birds.

3. 按过程展开

按过程展开是指文章按照事情发展的顺序进行逐项说明。该方式常用于记叙文。例如：

Many people like to read the latest news in the newspaper.But how is a newspaper produced so quickly?

Every morning the chief editor holds a meeting with the journalists.After that, journalists are sent to interview different people.Usually they have a face-to-face interview with them.Sometimes they do telephone interviews.At the same time, photographers are sent to take photos which will be developed later.Sometimes they use old photos from their library in order to save time and money.After the reporters hand in their stories, the chief editor will choose the most important news for the front page.Other editors read the stories and make some necessary changes.They also write headlines for each story.Finally, when the newspapers are printed, they are delivered to different places as soon as possible.

4. 按分类展开

按分类展开将要说明的事物，即按照事物特点进行分类，然后逐一进行说明。该方式常用于说明文。例如：

WORLD MUSIC

In Africa most music is folk music.It plays an important part in people's lives, especially for work, and at festivals and weddings, when people dance all night long.

Indian music is not written down.There is a basic pattern of notes which the musician follows.But a lot of modern music is also written.India produces more films than any other country in the world.It produces musicals,too, that is, films with music.

And millions of records are sold every year.

In the Caribbean the slaves who were brought from Africa developed their own kind of music.West Indians make musical instruments out of large oil cans.They hit different parts of the drum with hammers to produce different notes.This type of music has become very famous in Britain and is very good music to dance to.

Jazz was born in the USA around 1890.It came from work songs sung by black people and had its roots in Africa.Jazz started developing in the 1920s in the southern states.Soon it was played by white musicians，too，and reached other parts of the USA.

（四）结尾策略

对于一篇文章来讲，其结尾也十分重要。因为一个好的结尾不仅能吸引读者的注意力，还能起到画龙点睛、增色添彩的作用。下面是几种常见的结尾方式。

1. 总结式

总结式是最为常见的一种结尾方式，即在文章的结尾处对全文进行总结概括，以揭示主题，加深读者的印象。例如：

A cartoon combines art and humor.When it is skillfully done，a simple line drawing and a few words can make people laugh.Their troubles seem less important，and they enjoy life more fully.

2. 展望式

展望式就是在文章结尾处表达对将来的期望。这种结尾方式可有效增添文章的感染力。例如：

If everyone has developed good manners，people will form a more harmonious relation.If everyone behaves considerately towards others，people will live in a better world. With the general mood of society improved，there will be a progress of civilization.

3. 建议式

建议式就是根据上文中论述的问题，在文章结尾处提出建议或解决方法。例如：

However，safety is indeed everyone's responsibility.The school program，the parents and the students all need to take part.Avoid potentially troublesome situations because as a foreigner you are more vulnerable.Be more cautious than at home.Here's an obvious but critically important safety rule.Always let someone know where you are and never travel alone.

二、语块教学法

在我国，英语是作为一门外语被学生学习的。因为长期生活在汉语的环境下以及对中西文化差异不了解,学生常习惯用汉语的思维模式来思考问题,也习惯于汉译英的模式。而且在传统的写作教学中,学生所接受的基本上都是词汇、语法、句型等知识技能的训练,因此写出的文章都具有汉式英语的特点,而且用词不当、句式单一、逻辑混乱、语言不顺的情况十分常见。

根据刘易斯(Lewis,1997)的语块教学理论,本族语人的语言之所以流利,是因为他们的词汇不是以单个词存储在记忆里,而是以短语或大的语块形式存储在记忆里,在使用的时候能够作为整体提取出来,从而减少了资源信息处理的困难。相比之下,学习单个词汇的学生在表达思想时就需要付出更多的努力。根据这种情况,教师在教学中就可以采用语块教学法,培养学生运用语块的意识,促使学生不断积累语块,在写作过程中迅速提取并直接运用,提高语言表达的自动化程度,从而写出地道、精美的文章。

需要注意的是,输入是输出的基础,如果没有足够的知识输入,就不可能有大量的知识输出,学生存储的知识越丰富,写作时就越得心应手。而阅读是储存知识、增加知识输入的重要途径,因此教师在教学中可以积极鼓励学生进行大量有效的阅读,吸收大量有用的语块,并在讲解课文时组织学生逐段找出语块,说明这些语块的用法,促使学生进行造句和反复操练。

为了加快学生对语块的内化过程,教师可以多为学生提供一些运用这些语块的机会,同时向学生输入新的语块,使学生在复习旧语块的基础上掌握新的语块。例如,教师可以让学生根据所给语块发挥自己的想象编故事,这样既使学生操练和巩固了所学语块,又激发了学生的兴趣,无意识中提高其写作能力。

三、网络多媒体写作教学

在科技迅速发展的现代社会,多媒体应用越来越广泛。运用在教学上,其教学的特点是资源丰富、情境真实、灵活自如和不受时空限制等。通过多媒体,学生可以接触到地道的英语,从更广的范围内了解英语文化以及英语文化与汉语文化的不同,还可以激发学生学习的兴趣,培养自主学习的能力。具体来说,教师可以通过下面两点进行教学。

(一)充分利用计算机文字处理程序

利用计算机文字处理程序辅助英语写作,代替原有写作形式。

(1)计算机文字处理程序具备对标点、拼写、大写、小写等进行检测的功能,因此为学生提供了十分有利的工具。

(2)"拼写与语法"功能能够使学生降低拼写错误,并查出一些简单文法上出现的错误。

（3）"编辑"功能使句子段落的连接、组织、转移等变得轻松，学生可以通过添加、剪切等手段来修改文章。

（4）有的计算机文字处理程序还带有词典，因此学生可以迅速查询词的意义和用法。

总之，计算机文字处理程序的功能一定程度上减少了写作的重复劳动，省下了很多时间。因此学生能够花费更多精力在写作上，增强他们对写作的兴趣和积极性。

（二）灵活利用 E-mail 辅助教学

利用 E-mail 辅助英语写作教学，加强师生间、生生间的交流。E-mail 对于英语写作教学来说，是一个十分有力的助手，其有助于加强师生间、生生间、学生和普通网友间的交流。

在写作过程中，学生将自己的稿件利用 E-mail 发给教师或同学，然后教师和其他同学对这篇文章进行修改，并提出意见，最后该学生对自己的文章再进行重新整理。另外，教师鼓励学生找一些国外的学生通过 E-mail 进行交流，了解不同国家学生们的生活、学习、旅游、家庭、毕业动向等情况。通过这些感兴趣的话题，有助于提升学生的写作热情，进而提升自己的写作水平。

四、PWP 三阶段写作教学法

PWP 三阶段英语写作教学法是我国写作教学中普遍被采用的教学模式，独立的写作课型一般采用三阶段写作教学模式开展。三个阶段分别是指写前（pre-writing）、写中（while-writing）和写后（post-writing）三个阶段。

（一）写前阶段

写前的主要活动有激发写作兴趣、明确写作对象、讨论主题、收集资料、语言准备、阅读范文和写提纲。写前活动的首要任务是明确写作目的和读者对象，选择正确的文体。命题写作由教师或师生共同商讨决定；其次是写作兴趣的激发和写作素材或语言材料的准备。写前教学活动的安排主要有：围绕相关话题展开讨论或辩论、看图说话或自由交谈、阅读短文或视听活动。上述活动的主要功能是交流观点、掌握事实资料、拓宽思路，具有激发灵感和为写作语言材料做准备的性质，其教学目的是进行写前内容和语言输入，保证学生有感而发、有话可写。讲解范文写作技巧也是重要的写前活动，它是提高学生写作效率和正确率的前提和基础。列提纲主要是为了使学生理清文章的头绪以及结构，有助于其资料的搜索，以及在写作过程中对文章整体结构的把握。

（二）写中阶段

写中是指学生的初稿写作，初稿写作是学生将其思想以及感情呈现出来的直接方式，是作者以最直接的方式在最短的时间内将其要表达的思想转换成文字，将构思的结果草拟成文的活动。写中是纯粹的写作活动，写作者需要在没有任何干预的情况下独立完成。

（三）写后阶段

学生写作课上完成初稿写作任务后，教师应要求学生对初稿进行修改润色。修改的形式有很多，可以采用自我修改的形式也可以采取同伴间相互修改的形式。修改的重点是作文在选词、用法、拼写、标点、句法结构、段落结构等方面。在学生对自己的作文进行修改以后，教师应组织学生进行优秀"作品"展示，以满足学生的成就感，进一步激发学生写作的热情。现场展示后，教师还可以进行适当点评，对学生的二稿写作进行方向性和技巧上的引导，为进一步修改奠定基础。学生二稿上交后，教师再进行书面批改和评价。重点关注篇章结构、思想内容写作技巧和风格等。

第十章 应用语言学视域下英语文化导入教学新探

语言是文化的主要载体之一，是文化的重要组成部分。文化对语言有着重要影响，因此语言教学必然包含文化教学。可以说，文化教学贯穿于英语基础知识和技能的教学中，学习语言实际上就是在学习一种文化。因此，教师在教学过程中必须重视对文化知识的导入，重视对学生跨文化交际素质的培养。

第一节 文化及其与语言的关系

一、文化

（一）文化的界定

1. 西方学者对文化的界定

英语中的 culture 一词来源于拉丁文 cultura，最初是指"犁"的过程，后来引申为培养人的技能、品质。18世纪又进一步转义为"整个社会里知识、心灵和艺术的普遍状态"。

19世纪70年代，英国人类学家爱德华·泰勒（Edward Burnett Tylor）首次在《原始文化》一书中界定了"文化"。他指出，从广泛的民族学意义来讲，文化是包括知识、信仰、艺术、道德、法律、习俗以及作为一个社会成员所习得的其他一切能力和习惯的复合整体。

学者萨姆瓦（Larry A.Samovar）等人认为，文化是经过前人的努力而积累、流传下来的知识、经验、信念、宗教以及物质财富的总体。文化暗含在语言、交际行为和日常行为中。

莫兰（Moran，2004）指出，文化是处于特定的社会情境之中的一系列文化产品，是人类群体不断演变的生活方式，包含着一套基于共有世界观的共有的生活实践体系。

其中，文化产品是一种文化实体，属于物理层面，是由文化社群以及文化个体创造或使用。文化社群包括社会环境和群体，文化个体的所有文化实践行为都是在特定的文化社群中发生的。

社会语言学家古迪纳夫（Goodenough, 1957）将文化定义为："人们为了使自己的活动方式被社会成员所接受，所必须知晓和相信的一切组成。作为人们不得不学习一种有别于天生遗传的东西，文化必须由学习的终端产品——知识组成。"美国学者戴维·波普对文化作了比较全面的定义，他认为文化由三个因素构成：（1）符号意义和价值观——这些都用来解释现实、确定好坏和正误标准；（2）规范准则——在一个特定的社会中人们怎样思维、感觉和行动的解释；（3）物质文化——实际的和人造的物体，它反映了非物质文化的意义。

《剑桥国际英语词典》（Cambridge International Dictionary of English）中将"文化"解释为"the way of life, especially general customs and beliefs of a particular group of people at a particular time"，即某一特定人群的生活方式，包括共同的风俗习惯和信仰。

《韦氏词典》认为"文化"是"一个种族、一个宗教群体或一个社会群体的习惯、信仰、社会体制和实质特点。"

美国文化人类学家克罗伯和克鲁克洪（Alfred Louis Kroeber & Clyd Kluckhohn）在统计和研究了多种文化定义现象的基础上，将人们对文化的理解分为六种类型。

（1）列举和描述类型：这一类型的代表是弗朗茨·博厄斯（Franz Boas）对文化的定义（文化包括一个社区中所有的社会习惯，以及个人对社会习惯的反应因此而决定的人类活动）。

（2）历史性类型：这一类型的文化强调文化的传统性和社会遗留性。

（3）规范性类型：这一类型的文化强调文化的生活性和规范性。

（4）心理性类型：这一类型的文化强调文化调适环境、解决问题、满足欲求的过程。

（5）结构性类型：这种类型的文化将文化抽象化，其本身不属于行为，却用来解释行为。

（6）遗传性类型：这种类型的文化定义以卡尔（L.J.Carl）为代表，关注文化的来源、存在和继续存在的原因等问题。

2. 国内学者对文化的界定

古汉语中的"文化"和现在的"文化"有着不同的含义。"文化"的首次出现是在汉代，《说苑·指武》记载："文化不改，然后加诛。"在此，"文化"的意义与"武功"对应，传达的是关于社会治理方面的方法和主张。

金惠康指出，文化是一个复合的整体概念，既包含有形的生产方式、生活方式，又包含无形的价值观念、社会准则等。

张岱年和程宜山认为，文化既包括活动方式，又包括活动成果，是人类在征服自然世界时表现出的行为以及行为背后的思维方式。

我国《辞海》将文化分为广义的文化和狭义的文化。广义的文化包括人类在征服自然时所创造的所有的物质和精神产品财富，狭义的文化主要是指上层建筑，如制度和社会的意识形态等。

《现代汉语词典 X1990）中则将"文化"解释为"人类在社会历史发展过程中所创造的物质财富和精神财富的总和，特指精神财富，如文学、艺术、教育、科学等"。

从以上这些对文化的解释中，可以了解广义的文化观和狭义的文化观。广义上的文化指的是社会财富文化与精神财富文化的总和。文化是人们生活的重要组成部分。它是人类所独有的，是后天习得的，这是文化的特性，也是人类区别于动物的根本特征。文化是民族的，更是人类的。

（二）文化的特征

1. 民族性

文化是特定人群在长期的、特定的地理环境与自然条件下一起生活，逐渐形成的世界观、价值观、交往方式、行为准则、思维模式、社会习俗乃至生活方式完全共享的民族或种族特征。也就是说，文化是特定人群长期共同生活和交往的产物。美国学者露丝·本尼迪克认为："文化是通过某个民族的活动而表现出来的一种思维和行动方式，一种使这个民族不同于其他任何民族的方式。"可见，文化是以种族或民族为中心的。文化首先是民族的，其次才是人类的。

实际上，就文化的产生与存在而言，文化最初都是具有鲜明的民族色彩和地域色彩。如蒙古族善骑马射箭，新疆维吾尔族能歌善舞等。只是到了后来，随着民族间交流的增加，某些民族的部分文化得到了更多民族的认可和接受，继而扩散开来。

2. 地域性

文化不仅是一种民族性文化，更是一种地域性文化，具有明显的地域性特征。由于文化是伴随人类的诞生和发展而产生与发展的，而人类的诞生首先就是分地域的，不同地区的人们是相互隔绝的。这就是说，文化一经产生便带有鲜明的地域特征。即便是在信息传播迅捷发达的今天，也仍然存在着相对的地域，存在不同的地域性文化，例如中国文化、印度文化、西方文化等。

3. 传承性

文化具有传承性，这是由文化的内在需求和价值决定的。不管是交际文化、知识文化、物质文化还是精神文化，都是某个民族长期社会历史活动的经验总结和思想结晶，对于后人来说都是一笔巨大的精神财富，具有巨大的文化价值和重要的指导意义。文化有其传承的途径。而并非都是虚无缥缈的，大部分的文化都有其物化的载体。即便是抽象的思想内容也可以通过其他的语言载体进行记录和传承。文化传承的途径主要有下面两个。

（1）通过一代又一代人的口口相传或亲身实践。换句话说，就是通过学校对年轻一代的教育训导及父辈的言传身教进行学习和模仿，逐渐掌握并实践老一代的行为准则、道德规范等。

（2）通过书面语言进行传承。几乎所有的国家和民族都会将其文化传统以书面语言的形式记录在相对易于存放、可长期保存的介质（如竹简、纸张、羊皮纸等）上，正因为如此，人们今天才可以通过浩如烟海的书籍来学习和了解众多国家多姿多彩、灿烂辉煌的文化。

4. 动态性

文化具有动态性特征，即文化绝对不是静止不变的，而是在不断的发展变化中前进。世界处在不断的发展变化之中，处于其中的文化也必然受其影响而发生变化。自文化产生并发展以来，从来没有一代人的文化模式完全彻底地被下一代所继承，因为没有一个地区或民族的生存空间是完全封闭的。后代所继承的并不是以往文化的全部，而是继承一部分，舍弃一部分，再增加一部分，从而形成某一时期的特定文化。文化就是这样在各种社会历史事件的冲击之下，通过与其他文化的接触与交流而不断地变动和进化着。文化的变化性特征要求人们必须要用发展的眼光去看待文化，不能因循守旧、故步自封。

二、文化与语言的关系

关于语言与文化的关系这一问题，学术界有诸多不同的看法和观点，归纳起来，二者之间的关系主要涉及以下两个方面。

（一）依赖关系

语言在人类社会的诸多生产实践活动中都扮演着非常重要的角色，不同文化下的人们进行交往、交流都需要运用语言。尽管人们在运用语言进行着跨文化的交际，但是丰富、多元的人类文化又往往具有一些变幻莫测的色彩。截至目前，人类对语言本身并没有得到真正的理解和认识。虽然国内外的众多语言学家对语言的研究进行了不懈的努力，也出现了很多不同的理论研究流派，但是对语言的研究至今尚没有达成共识。直到20世纪初，美国著名的人类学家和语言学家鲍阿斯（Boasian）介入了对语言的研究，并成为语言研究界的权威，他关于语言社会属性的研究开始被人们普遍接受和认可。鲍阿斯关于语言的研究对语言和语言的社会属性给予密切的关注，他在社会大环境中对语言进行的研究具有很强的现实意义。

在此研究中，不仅涉及语言系统，同时还涉及与语言系统紧密相关的文化系统。

语言作为文化的重要构成部分，同时还充当着文化的传播者、记录者等角色。语言甚至还可被看作民族的里程碑，有着很强的象征意义和作用。语言能够凸显强大的民族凝聚力，并能较好地体现一个国家或民族的"软实力"。语言的这些诸多层面的特殊性也对语言本身有着很强的决定作用，决定着语言不仅要充当文化的和平使者，同时也肩负着不断地向外界进行文化传播和推广的重任。但在此过程中，语言还应端正好其文化传播的态度和立场，应规避一些文化侵略者的不端行为防止其被文化侵略者利用并为其服务。

语言是根植在民族脊梁中的血液供给，是实现文化传播的重要形式载体。它不仅能够将文化的整体信息得以完整地保存，并且语言又可被视为一种极为特殊的文化现象，它能很直接体现一个民族的文化和精神。因而可以进行如此表述，语言文字具有统一性的特点，它是作为一个国家凝聚内部精神并传承优秀历史和文化主要渠道而存在着的。一国母语在国际上的社会地位、生存状况等，都会对该民族在国际社会上的文化地位有着直接的影响作用。

语言还对一国的形成和发展的历史踪迹有着很好的记载作用，它是一个国家、民族历史文化的地质层。语言的兴衰其实就意味着一个国家或一个民族生命力的兴衰。并且，语言还作为一种具有完整意义的民族文化、心理底座存在着。只要一个民族有文化的奠基，就会有很好的凝聚力，一切都会被吸附和集中。例如，文化样式、风俗习惯、生产方式、宗教以及思维方式等。

语言是一个民族最为宝贵的遗产，一个民族的物质文化很可能会消亡，但是语言却能够从历史深处得以更广、更深地延展，并成为一个民族的最后遗产。语言代代传承，一个民族的文化和精神内涵也代代传承。当今世界中不存在绝对相同的两个指纹，同样世界上也不存在两种绝对相同的文化版本。

（二）互动关系

语言与文化二者之间不能脱离彼此而存在，而是始终处于一种共生、共存的状态。语言属于文化的一分子，同时语言本身其实也是文化的一种形式。从表面上来看，一些分属于不同文化系统下的人们，其各自的语言活动特点也通常有所不同。下面结合一个很典型的例子进行分析。

澳大利亚英语体现出一种严谨性和保守性而英国英语则呈现出直率、宽松的特点。如果对这两种语言进行分析，可知它们分别属于两种不同的文化，并且各自展现其本身所固有的文化特质。文化有着高度的一致性，语言也为人类社会所独有，属于人类的创造物。人类在创造了世界的同时还创造了人类自身，这与语言的产生同步，二者不可分离。语言也只有在人类社会中才能得以产生并实现其发展，在现代科技中至今也没有发现有哪种生物能使用语言作为交际工具。语言是随着人类社会的产生而产生，并随着人类社会生活的发展而发展变化的。

语言是人和人之间进行交际的重要工具。人们利用语言进行交际的这种活动同动物间的交际活动存在着本质性的区别，动物间交际的工具根本就不能被称作语言，而仅仅是一种能够直接作用于感觉器官的媒介。语言和文化类似，二者都不是自然现象。其之所以不能被归属到自然现象，是说语言不是受到自然条件的制约而形成的。并且，语言也不是通过先天的基因遗传的，而是在后天逐渐习得的。语言属于有意识、有意义的，并非仅仅用来表达情感，而是用来表达理智、逻辑和推理的。人们通常也是通过学习来习得语言的，大家都知道，在狼群中长大的人根本不具有人类的语言。最后，语言具有共享性的特点，文化并不属于任何个体的人，而是属于整个社会的全体成员，语言也是如此，它不属于某一个体，而是属于整个社会。

第二节 英语文化导入教学的重要性与原则

一、英语文化导入教学的重要性

如今，大部分教师和学生都已经意识到英语教学不仅涉及语言基础知识和技能的传授，还涉及文化知识的导入，因为语言本身就是文化的重要组成部分，在进行英语教学时必然绕不开文化因素的介入。将英语文化导入教学具有非常重要的意义，具体体现在以下几个方面。

（一）导入英语文化是实现教学目标的有力保障

英语教学的目标从根本上说是为了培养和提高学生的英语使用能力，从而能够面对日后的跨文化交际。所以越来越多英语教学者开始认识到英语教学的工具性、实用性与交际性。

美国语言学家萨丕尔（Sapir）在其著作《语言论》中指出："语言有一个环境，它不能脱离文化而存在，不能脱离社会继承下来的各种做法和信念。"英语教学采用跨文化交际的视角能够推动英语教学的发展，同时对人才的培养和英语教学目标的根本实现都大有裨益。

语言不仅是传播信息、交流思想的重要媒介，而且对于民族文化的传播也发挥着重要的载体功能。全球化的发展使不同国家的文化互相交流，因此不同的价值观就会和本土文化进行磨合。

外国文化通过在我国的传播与交流，能够使我国人民了解不同的文化形式，同时可以扩展本土文化和民族文化。外语教学作为培养跨文化交流人才的重要方式，应该在教学中融入英语国家文化的教学，同时要深深植根在本土文化中，发扬我国优秀的传统文化，使学生具备宣传本族文化的意识与能力。

总之，英语教学不仅是让学习者掌握基础的语言知识和技能，还需要培养其英语思维能力，使其能够融入跨文化交际环境中，展开具体的交际行为。这种教学能够使语言学习者掌握新的知识与文化，同时能更加深入地了解本国文化与他国的文化事物，因此是一种素质与能力双重提高的教学方式。

（二）导入英语文化是语言教学的一部分

词汇、语法、阅读、写作等一直都是我国传统英语教学中不可或缺的内容，也是教学的核心任务。但随着英语教学的不断发展，传统的英语教学表现出了很大的局限性，传统的英语教学已不能满足社会发展的需要，也不能算作英语教学的全部内容。实际上，随着跨文化交际的深入和文化语言学的发展，文化教学已逐渐发展成为英语教学的一个重要部分，并对英语教学产生了重要的影响。例如，如果学生仅仅了解英语的语法、词汇、听力、阅读、写作等知识和技能，却不了解英语语言所承载的文化，那么他们就难以完全理解并正确使用英语。由此可以得知，语言的学习不可能脱离文化而单独进行，从某种程度上来讲，语言教学就是文化教学。

（三）导入英语文化是实现素质教育的重要渠道

英语是我国教学的基础课程，也是文化素质教育建设的重点。从跨文化交际视角进行英语教学是实现素质教育的主要渠道。

英语素质教育指的是除了教授英语基础知识与技能之外，还需要提高学习者的文化素质，培养学习者的文化思维，这一点和跨文化交际教学不谋而合。

鉴于此，在具体的跨文化交际视角下的英语教学中，教师必须正确处理语言和文化的关系，加强英语国家文化的导入。具体来说，教师需要以跨文化交际学的相关理论与方法武装自己，在教学中提高语言教学的实用性与交际性。

学者胡君鸿认为："教师不应该仅从本国文化心理去考查语言差异，而应该兼顾不同文化背景的人们所共享的信仰、价值观念、时间观念、行为准则、交往规范以及认知模式等方面的差异——即目标语言系统和交际原则。"

从跨文化交际的角度进行英语语言教学，能够从一定程度上减轻本土文化思维定式的影响，培养学生的英语思维能力和语言技能。

（四）导入英语文化是教学改革的需要

长期以来，我国英语教学一直都将语言知识教学作为教学的重心，而忽视文化对交际的影响。随着新课标在全国各地逐步展开，英语教学的教学目标、教学理念以及教学方法和评价方法都发生了非常大的变化。人们普遍意识到学习英语不仅是掌握语言的过程，也是接触和认识另一种文化的过程。文化因素始终隐含在英语学习的过程中，即使优秀的英语学习者，其交际能力可能因文化因素而受到限制，他们对周围世界的理解也可能因此而产生障碍。学习英语以及相关的英语文化，对学生从不同的角度观察和认识自我世界有很大帮助。可以看出，文化教学是大学英语教学改革的需要，因此英语教师要有意识地向学生传授英语国家的文化知识，并增强学生对两种文化差异的敏感性，提高学生的文化素质，进而培养学生的跨文化交际能力。

（五）导入英语文化是适合我国整体环境的教学方式

跨文化交际，从实质上是不同母语思维和异域思维的碰撞，交际中的困难在很大程度上并不是因为交际者对语言知识掌握不足，而是由于对非母语文化的不了解。

在全球经济、文化交流的大背景下，学生进行跨文化英语语言学习的目的是为了迎合社会发展交流的需要。

随着社会的发展，我国跨文化交际的对象变得更加多元，交际方式也变得更加多样。这样进行跨文化视角下的大学英语教学，才能够提升学生的跨文化交际能力和信息交流能力。

同时，社会的这种多元性，还要求英语交际者要具备一定的合作意识和协作能力，从而通过跨文化交际提高整体人类的进步，并在这个过程中提升自己的文化意识。可以说，跨文化视角下的大学英语教学既满足了英语工具性的作用，同时也是符合中国环境的教学模式，对社会发展和人类文化的融合都大有裨益。

具体在我国的英语教学中，存在很多因不了解英语文化而造成跨文化交际的失误，加之我国缺少英语学习的社会环境，因此课堂教学成为学生获得英语基础知识并了解英语国家文化的重要渠道。从跨文化视角下进行英语教学，是结合语言教学和文化教学的举措，能够为学生的英语学习营造良好的英语文化学习氛围，并防止母语文化的干扰，提高学生的跨文化交际能力。

二、英语文化导入教学的原则

（一）以学生为中心原则

学生的需求是教师开展课堂教学、设计和选择教学模式的主要依据，因此英语文化教学的开展应以学生为中心。在具体的文化教学中，教师应以培养学生的自主学习能力为中心，以学生为主体，引导学生感受和领悟语言与文化，进行文化体验，促使学生进行知识与意义的内在建构。具体来讲，在英语文化教学中，教学的设计和活动安排都要考虑到各种因素对学生的影响，要考虑的不仅仅是英语语言知识的学习，还要注重学生对本族语和本族文化的理解和体验、对目的语文化的态度、学生个人的综合素质等。英语文化教学的内容与目标相较于传统的英语教学扩大了数倍，但教学时间并没有随之扩大，因此为了实现教学目标，培养学生的文化意识和跨文化交际能力，教师需要在以学生为中心的前提下培养学生的自主学习能力。

（二）循序渐进原则

同其他学科知识一样，文化知识也有着自己的科学体系，因此教师应遵循循序渐进原则，合理安排不同阶段的学习内容，以使教学内容符合学生的认知特点和发展规律，使学生由简到繁、由浅入深地掌握文化知识。具体来讲，在文化教学的初始阶段，以日常生活的主流文化为主。在中间阶段，可以教授文化差异带来的词语的内涵差异及其运用差异。在最后阶段，就可以渗透一些文化差异导致的思维方式、心理方式以及语言表达差异，使学生深层次地了解英语文化。

（三）认知性原则

由于文化千差万别，这些文化孕育出的人们的思维模式、价值观、风俗习惯乃至行为方式等都具有各自的特点。文化教学中的认知原则强调关于英语文化和社会知识的了解和理解，而不强调行为表现，还可能会进一步涉及诸如识别力、观察力等某些能力的培养。神话典故、《圣经》、文学故事、文学作品中产生了很多英语词汇、语句等。学生对这些词汇、语句等所蕴含文化的了解程度决定了他们对这些语言所表达内涵意义的理解程度。例如：

After she has dumped him for cheating on her, he said he would not do it again.He wanted to lock -the barn door after the horse was stolen.

在她发现他不忠之后，甩掉了他，他说他不会再犯。他想要做些补偿，不过伤害已经造成，不可挽回了。

本例含有"Lock the barn door after the horse is stolen."这谚语，其深层含义是"贼去关门，为时已晚"。尽管从字面上看与汉语中的"亡羊补牢"惊人地相似，但实际意义却相差甚远。

因此，在文化教学的过程中，教师需要成为学生文化学习过程中的引导者，帮助他们提升发现、分析、解决目的语文化学习过程中问题的能力，在此基础上掌握西方社会所倡导的生活理念与价值观，了解他们的生活习俗，同时学会将中西方文化进行对比分析，把握二者的区别。为了实现这一目的，教师可以鼓励学生通过多种方式收集资料，撰写与文化相关的小论文。

（四）灵活性原则

在英语文化教学中，要想让学生对文化知识进行理解是非常容易的，但是让学生能够在以后的交际中运用自如就比较困难了。因此，当前的英语文化教学中教师应该在灵活性原则的指导下开展教学活动。教师首先需要了解学生的基础水平，然后在学生对知识学习的不同需求下选择合理的教学形式和活动，最大限度地调动学生学习的积极性。例如，教师可为学生开设文化方面的专题讲座、组织小组文化学习活动、分角色表演等。

（五）对比原则

对比原则也是英语文化教学应遵循的基本原则。学生只有在母语文化和英语文化的对比当中才能深刻感受到二者的共性和差异性。例如，某词语在汉语和英语中的概念意义和内涵意义都基本相同，或者某词语在两种语言文化中的概念意义相同，然而内涵意义却有区别，再或者某词语在两种语言文化中的概念意义相同，但是只在一种语言中有内涵意义。这三种情况是普遍存在的，并且是通过对比被发现和理解的。

（六）因材施教原则

学生的思维、价值观、世界观和文化体验等在英语文化教学中发挥着重要的作用，它们是语言和文化教学的基础。学生跨文化能力的培养需要从学生现有的文化体验出发，通过母语文化与目的语文化进行对比，从而提高学生的文化意识。因此，在英语文化教学中，教师应针对学生的特点、个性、学习风格、学习基础等选用合适的教学方法因材施教，并尊重学生的个人体会、价值观念、思想情感等，不能对学生持有轻视、否定及批评的态度。

（七）求同存异原则

根据历史的经验，对他国文化的全盘接受是并不可取的。一个国家的文化要适应世界多元文化的同时，也应该保持自身文化的民族性和独立性的特点，做到去粗取精、去伪存真。虽然中西方文化在不断地发展和变化，但是由于受政治、科技、经济等因素的制约，其中一部分文化因素会有着时代的局限性，即有些内容是与科学发展相悖的。这就要求在大学英语文化教学中，教师应该将那些过时的、不健康的文化信息摒弃和摘除掉，将那些正面的、积极的文化信息传递给学生，让学生能够吸收其中优秀文化的精髓。

在英语文化教学中，"求同"是非常容易把握和实施的，学生也比较容易理解这一层面；但是"存异"就比较难以把握了，因此需要重点讲授。对待异域文化，教师首先应该引导学生了解和分清楚哪些能够接受，哪些不能够被接受，并分析出其中存在的闪光点，让学生以欣赏的眼光来看待。

第三节　应用语言学视域下英语文化导入教学的创新方法

一、直接导入法

在展开教学前，教师应该采用丰富的文化教学策略进行文化导入。具体来说，教师可以采用视听导入法、启发导入法、文化背景知识导入法等展开教学。

（1）视听导入法。例如，教师在讲授 How to Make a Good Impression 时，可以用《时尚女魔头 X The Devil Wears Prada》电影的形式来讲授，然后让学生进行讨论，分析其中的交际技巧，给学生留下深刻的印象，实现课文内容的延伸。

（2）启发导入法。在进行课文教授之前，教师可以运用提问的方式进行导入。例如，在讲授 Career Planning 这篇课文时，教师可以从职业规划导入进行提问，这不仅可以调动学生的积极性，还可让学生对新知识有一个头脑的准备。

（3）文化背景导入法。例如，在讲授 Time Conscious Americans 时，教师应该给学生讲授一些中西时间观念的差异，并让学生进行讨论，加深他们的印象，从而更好地展开课文的学习。

二、文化体验法

在课文教学过程中，教师应该采用丰富的文化教学策略进行文化体验。这可以通过交际法、对比教学法、融合教学法等展开教学。

（1）交际法。交际法是让教师在提问引出主题之后，让学生积极参与到文章主题的讨论中。例如，在讲授 Career Planning 这篇课文时，教师提出一个讨论的话题："如果你毕业了，你想做什么？"然后学生进行分组讨论，让学生参与到学习活动中，做到有话可说。

（2）对比教学法。在大学英语文化教学中，对比教学法是常使用的教学法。因为只有通过对比，学生才能真正对语言有一个清晰的把握。因此，教师应指导学生对一些文化现象进行对比分析，了解其中所蕴含的差异，加深学生对英语文化的感知能力，培养学生的跨文化交际力。

（3）融合教学法。在大学英语教学中，教师应该将文化内容与语言材料相结合。

这里所说的语言材料可以是教材之内的,也可以是教材之外的;可以是书面的,也可以是音频的、视频的。在这些材料的辅助下,教师将文化教学渗入到其中,可以帮助学生提升自己的思想文化意识,有效实现自己的文化学习目标。

三、信息技术辅助法

加强英语文化教学,提升学生的跨文化交际能力,教师不仅仅要注重对目的语文化知识的讲授,让学生掌握一些现有的文化事实和规约,更要注重的是努力搜寻各种有效的教学方法和教学途径,引导学生对现实事物辅以主观感受,培养学生亲身体验目的语文化知识的能力,这就要求将网络多媒体技术融入英语文化教学之中。具体来说,网络多媒体技术辅助下的英语文化教学需要采取如下策略。

(一)务实手段,创设跨文化交际基础

利用网络多媒体技术,以现代媒体作为手段,实现教学资源、教学过程、教学效果的优化。网络多媒体技术是创设真实环境的最佳工具,其可以对声音、动画、图像、色彩等进行组合和运用,增强教学的形象性和直观性,从而有效帮助学生对所学语言国家的社会、文化等有一个真实的了解和感受。另外,在网络多媒体这一环境下,学生愿意进行技能的训练,不仅提升了学生分析问题的能力,培养了自己的判断性思维,还能够提升学生的语言意识和跨文化意识。在英语文化教学中,教师可以采用类似实时播放式的英语教学形式,即"课堂示教模式"是以教师为主,教师采用计算机软件、各种音频与视频设备等将学生需要的知识传输出来。

(二)创设情境,营造跨文化氛围

众所周知,语言的使用是在一定的社会环境中进行的。建构主义认为,人是知识的建构者和积极探索者,知识的建构需要人与环境的交互。创设情境是建构意义的必然前提,尤其是真实情境的创建。教师应该创设信息丰富的环境,为学生提供更为真实的语言情境和语言信息输入,使学生能够真实、自然地学习语言。网络多媒体技术的发展为建构主义学习理论的推行和实施创造了良好的环境。

由于网络多媒体技术具有传输量大、信息容量大、效率高等特点,因此在课堂教学中,运用网络多媒体技术能够使信息展示的方式更具多样化,能在单位时间内为学生提供更高容量的学习资源。这是目的语文化输入的重要和有效途径。同时,当学生置身于真实的情境中,能够亲身体验目的语文化的美,体验目的语文化的新奇和快乐,在体验中增强对目的语文化的理解和认知,激发学生学习目的语文化的积极性和主动性。

也就是说,在快乐学习目的语文化的同时提升自己的跨文化交际能力。另外,教

师可以让学生参与一些"暑假英语夏令营""语言学习示范中心"等活动,这是英语学习的第二平台,使他们将课堂上学习的知识运用到具体的实践中,创建丰富的英语体验环境,提升学生的跨文化交际能力和英语应用能力。

(三)组织协作,倡导交互式合作学习

进行有效的组织和安排也是英语文化教学的关键性因素。建构主义认为,英语学习的关键在于教师如何进行分组,如何组织学生协作完成学习任务。通过协作学习,教师和参与活动的学生都能够构筑为一个学习共同体,师生之间、学生之间、学生与媒体之间进行交互,即在交互协作的过程中对学生的固有思维方式进行激发,建构更全面、更准确的语言意义。通过协作学习环境,调动了学生的学习兴趣,激发了学生的思维和智慧,从而使整个团队或群体完成对知识和任务的意义建构。在具体的教学中,教师应该从文化主题、交际内容出发,为学生设计和安排一些操作性强、任务性重的教学任务,并对任务的内容给予具体的建议和要求。

然后,教师将学生分成几个小组,并确保组内的成员存在某些的互补性和差异性,让小组内进行交流,对任务中的文化内容进行归纳和总结,让大家展示自己的长处,相互竞争和激发,从而最终习得跨文化交际的能力。

(四)组织会话,展示学习成果

在英语文化教学中,会话是不可缺少的,学习小组间需要经过协商和会话来完成既定的任务。在会话过程中,每位学生的思维成果都能够为组内成员共享,最终实现学习任务意义的建构。之后,教师以小组的形式让他们对讨论的结果进行展示,展示的方式有很多种,如角色扮演、演讲、专题汇报、情境模仿、案例分析等。在展示的过程中,学生可以准备一些例如提纲、PPT 课件、录音材料等。通过展示,教师可以了解学生对文化知识的掌握情况,以便进行下一阶段的任务学习。例如,在做演讲时,教师可以要求小组内所有成员都可以参加,共同配合,根据教师所提的问题进行汇报。其他小组在听取演讲的过程中,对其中的演讲情况和出现的问题进行记录,在演讲结束后进行讨论和解答。通过这一过程,全班所有成员都扩大了自己的知识面,对于英美礼节、英美习俗、英美文化背景知识有了全面、系统的了解,同时对课文内容也更加了解。

(五)总结归纳,完成意义建构

建构主义认为,学习是一个积极的建构过程,学生不再是被动的接受者,而是根据自己的认知结构有选择地、主动地感知外在的过程,因此每位学生都在自己固有知识的基础上对新知识进行建构。同时,固有的知识又因为新知识的融入而发生改变和

调整，因此学习过程不仅仅是信息的输入、提取、存储，更应该是新旧信息之间的交互，其最终的目的是实现意义的建构。

通过小组之间进行讨论，学生可以调动各种语言、非语言资源来建构意义，激发学生对两种语言文化的浓厚兴趣，让学生在本族文化中体会目的语文化的魅力，逐渐建构跨文化交际能力和意识，并加大对目的语文化的容忍度和理解。学生可以对相同问题进行归纳和总结，开阔学生的跨文化视野，扩展自己的知识面，加深对跨文化知识的理解，完成自己的文化思维过程，在活动中实现对目的语文化的意义建构和主动探索。

四、角色扮演法

角色扮演是一种行之有效的文化教学方法。该方法通常由两名或两名以上学习者参加，为了完成特定的目标分别扮演不同的角色，在教师及其他学习者面前表演出来。没有参加角色扮演的学生的任务是做观众观察并发现学习目标规定的某些问题。角色扮演的主题可以是与来自其他文化的人第一次见面、进行国际谈判、在某一个你不熟悉的文化场景中拒绝别人等。角色扮演的脚本应该清楚简洁，具有趣味性和戏剧性，而且结局应该是开放式的，采用日常生活工作或社交场景中使用的语言。角色扮演的实施过程如下。

（1）向学生说明角色扮演的目的是使他们练习使用某一策略，鼓励他们尝试新的活动。

（2）向学生描述角色扮演发生的情境。

（3）确定参与表演的学生，可以由学生自愿参加或者由教师指定，给每个参与的学生提供所需的背景知识，给他们足够的时间做准备。

（4）指导参与表演的学生的准备工作。

（5）给观看角色扮演的学生分配学习任务。

（6）布置好表演的场地。

（7）开始表演之后要做笔记，记录表演者说的要点，以便之后开展讨论。

（8）表演结束后，请观众们思考，在相似的情境中，有没有其他的解决问题的方法。

（9）请学生们回答一系列的问题，目的在于使学生们能够描述角色扮演中呈现的问题，给学生思考其他策略的机会。

在文化教学中采用角色扮演法，可以使学生身临其境地接触到相应的文化，增强其对文化的理解和感知。具体来讲，在文化教学中采用角色扮演法可使参与的学生在人际交往的场景中清楚地了解相关技能，以及有效和无效的行为所产生的影响；教师可以通过参与表演的小组对有效和无效行为予以更多的说明；可使参与表演的学生有机会在真实的场景中尝试使用和巩固新技能；有助于提高学生的学习兴趣。

五、文化旁白法

文化旁白是指在进行语言教学时，就所读的材料或所听的内容中有关的文化背景知识，教师做一些简单的介绍和讨论。一般来说，教材所选的课文都有特定的文化背景，可以是作者背景，也可以是内容背景或者时代背景。如果学生不了解或缺乏相关的背景知识，就会影响他们对文章的正确理解，自然也就不能对阅读理解的问题作出准确的推理和判断。使用文化旁白策略不仅能有效地清除部分语言认知障碍，帮助学生正确理解英语，又能让学生开阔眼界、增长见识。

文化旁白法有多种灵活的操作方式。教师既可以充当讲解员，也可以运用图片、实物教具或多媒体课件等进行讲解，既可以在讲解段落或句子时进行，也可以在听力教学中随时进行。需要指出的是，文化旁白法具有任由教师掌握、随机性大的缺点，而且对教师的要求很高，需要教师具有较强的驾驭语言与文化的能力和一定的教学技能与艺术。

六、文学影视作品鉴赏法

通过文学作品了解并掌握英语文化是一种有效的学习手段。具体来说，学生可以在教师的指导下，对文学作品进行多角度的剖析，了解人物的情感，了解不同文化背景下的人与人之间的交流和文化冲突。现在，很多学生阅读文学作品仅仅是为了追求情景或扩大词汇量，而忽视了文学作品中所反映的文化细节问题，如风俗习惯、文化差异等。因此，采用这一方法，可以将学生的注意力转移至文化背景知识上，从而增加学生的文化背景知识。

除了文学作品，学生还可以通过影视欣赏来学习文化知识。影片中的语言生动、真实，词汇与语境非常贴切，语音能体现出人物的年龄、性别、地域、地位等特点。语速不是教学音频中的标准语速，而是由表达内容、故事情节所决定的真实环境中的语速，这些特点把语言知识与具体情境有效结合起来，为学生提供了真实的语言与文化信息，对于学生接触到地道的英语，增长学生的文化知识，提高学生的跨文化交际能力非常有利。因此，教师可以通过影视欣赏的方式来促进学生对西方价值观念和思维方式的学习。

第十一章 混合式学习的相关理论概述

第一节 混合式学习概述

一、混合式学习的定义

目前,关于"混合式学习"的定义,仁者见仁智者见智,无论是国内还是国外都或多或少有些纷争,目前学术界仍然没有一个明确而权威的定义。专家学者们经过长期的理论研究和教学实践分别从不同角度对此进行了界定,但就其研究的背景和侧重点不同,对混合式学习的认识和理解主要有以下几种:从学习的方式方法出发,认为是全新的学习方式;从媒体的角度来看,认为是媒体要素的融合;从活动设计出发,认为是多元活动的结合。笔者通过总结研究,简要介绍国内外对混合式学习定义的认识。

1. 国内混合式学习的定义

在国内,北京师范大学现代教育技术研究所所长何克抗教授将"混合式学习"理解为:"把传统学习方式的优势和 E-Learning(即数字化学习或网络化学习)的优势相结合"。更深入理解就是发挥"以学生为主体,以教师为主导"的模式,教师和学生的角色发生变化,教师可以起到引导、支持、监督、控制的作用,学生可以充分利用教师创建的环境,自由、自主地开展学习。

上海师范大学教育技术系主任黎加厚教授认为"混合式学习"即"融合性学习",他关注的重点是教学媒体、教学方法、教学策略等的优化组合,通过教师和学生在教学实践过程中合理运用,最终达到优化教学,促进学生学习的目的。

华南师范大学现代教育技术研究所所长李克东教授认为:"混合学习可以看作面对面的课堂学习(Face-to-Face)和在线学习(Online Learning)两种学习方式的有机整合。"其核心的理念是由问题出发去寻求解决问题的思路和途径,在教学过程中,采用恰当的教学媒体和知识传授方式,可以保证投入最小,同时收获的效益最大。

另外,一些将混合式学习用于培训领域的专家学者认为混合式学习就是企业或培训机构根据培训课程需要，摆脱各种客观条件限制，优先选择面对面教学、同步教学、异步教学或者几种方式组合教学的策略。

2. 国外混合式学习的定义

在国外，印度NIIT公司（2002）在发表的《混合式学习白皮书》中提出"混合式学习"是一种全新的学习方式，这种学习方式包括面对面（I'ace-to-Face）实体教室学习、数字化在线学习（E-Learning）和自定步调（Self-paced）学习等。《白皮书》分别从以技能为导向、以态度为导向和以能力为导向三个维度进行了详细划分，描述了通过不同教学方式和手段获得不同的教学目标。

Jennifer Hofmann（2001）在 W-Learning Case Study》（《混合式学习案例研究》）中这样描述："混合式学习是由一种全新思想作为支撑，指导教师或者方案设计人员根据教学过程的特点，分成几个阶段，对每一个阶段进行优化教学，最终实现学习者对整体的理解掌握。"

Michael Orey认为混合式学习应该从学习者、教师或教学设计者以及教学管理者三者的角度进行定义。根据他的理解，混合式学习要考虑学习者的初始能力，教学方案设计人员的信息素养以及现实的实体教学环境等因素。

美国培训与发展协会（ASTD）的Singh和Reed也认为混合学习是一种学习方式，将其描述为：采取"恰当"的技术手段，结合"良好"的学习个性，在"适合"的时空将"正确"的技能授予"适合"的人，从而完成知识传授，实现教学目标。

虽然国内外学者对混合式学习的定义有所不同，但是本质上并没有太大的差异，广义上普遍认为是传统教学和网络教学结合，以达到优势互补的目的，体现建构主义的"主导-主体"作用，狭义上则认为是教学方法、媒体、模式、内容、资源、环境等各种教学要素的优化组合，达到优化教学的目的。

二、混合式学习研究现状

1. 国内混合式学习研究现状

混合式学习在国内发展趋势迅猛，在教育领域、培训机构等多方面都得到广泛的应用，发展成果也颇为显著，改善了教学效果，降低了培训成本，提升了公司效益，因此，混合式学习模式越来越受到各界人士的认可和欢迎。

（1）学校教学

根据新课改和社会对人才的需求，创新性人才的培养是目前学校教育颇为关注的，然而传统的教学模式已经不适应社会潮流的发展，"面对面教室学习"和"网络在线学习"相结合的混合式学习方式逐渐被高校采用，高校的学习者具有一定水平的专业知识和相对较强的自学能力。学习者可以在教室里接受面对面（Face-to-Face）的教学，课下可以依托网络自主学习相关内容，分享学习资源，还可以通过同学或者指导老师的讨论和交流深化学习。

在我国数字化校园建设的同时，各种网络平台也应运而生，以期提高学习效率，促进学习者的学习。如北京大学建设（基于 Blackboard）的北大教澎网、北师大的"教育技术概论"和由华中师大开设的"远程教育原理与技术"等精品网络课程，通过教学实践实现了对教学模式、方法、策略的研究，为教育工作者和教师的混合式学习之路起到积极的影响。

（2）教师培训

国内的教师教育培训通过对单一的、传统的培训模式进行深入反思，认识到传统培训模式的弊端和不足，逐渐摆脱了这种培训模式，并随着对 E-Learning 的理解和掌握，最终采用混合式学习的培训模式。

2001 年初，我国正式开展对高校教师的教育技术能力培训，2005 年和 2010 年分别启动的全国中小学教育技术能力建设计划和全国中小学教师国家培训计划等，都为混合式教学的顺利实施提供了必不可少的软硬件保障。另外，面对面的集中培训和网络在线学习相结合的教师培训方式，为岗前教师和在岗教师的沟通交流提供了便利，为两者的专业化、精英化发展提供有效保障。在基础教育阶段，一些优秀教师通过混合式教学的形式，根据各种客观条件，积极开展教学改革，以期促进信息技术与课程的深度整合。同样，在高等教育阶段，知名师范高校教师通过暑期的在线网络授课培训大批优秀中小学教师。黎家厚教授通过对混合式学习理念和思想进行深入研究，将其先进的理念和思想融入 Moodle 平台，在推广实验阶段同样取得了显著的效果。

（3）企业培训

在我国，大多企业由于受到国外培训方式的影响，或者经常与国外的培训机构沟通、交流与合作，目前越来越多的企业也采用混合式学习模式对员工进行职前或职后的培训，比如部分事业单位以及餐饮、服务等行业的系统内部培训都积极运用这种培训模式，效果显著。

下面以某大学工商管理网络研修班为例：研修班的培训对象主要是民营企业的管理人员，培训期一般为一年半。由于时间空间的限制，大部分受培训者不能抽身去参加面对面的讲授学习，而如果全部采用在线学习方式不能有效实现对知识的理解和掌握，达不到预期的效果，因此，混合式学习的培训模式则是理想的选择。通过三个阶段的培训，每个阶段大约持续六个月，一般情况下是前五个月进行网络在线学习，后一个月开展集体面授，增强学习效果。通过这种灵活的培训方式，网络授课和集中面授相结合，实现预期培训效果。

2. 国外混合式学习研究现状

国外混合式学习发展相比国内较为成熟,但无论国内外,目前混合式学习的应用领域基本是类似的,也是主要运用于学校教育和公司、企业培训等。

(1) 高校教学

在传统的美国学校里面,为了激发学生的学习兴趣,培养学生的实践能力和创新精神,教师们经常采用混合式学习(Blended Learning)方式进行授课,根据课程内容,每周抽取一两节课,安排学生在寝室或图书馆进行网络在线(E-Learning)学习,通过教学实践得出结论:混合式学习有利于培养学生分析问题、解决问题的能力,有利于培养学生的交流能力、表达能力,有利于培养学生的知识获取能力和自主探究能力。突出效果主要表现为:学习者积极性提高;小组协作意识增强;指导教师角色和学习内涵产生变化;跨校园、跨区域合作增多。实践表明在高校的教学领域中,混合式学习的优势逐渐显露,因此其地位和作用也越来越重要,其教学各要素的选择也有着更强的适应性和灵活性。

美国宾西法尼亚洲立次大学高度评价了混合式学习,它认为混合式学习是"当今高等教育领域内一个必然的发展趋势"。加拿大卡尔加里亚大学的加里森教授认为混合式学习是高等教育应对社会发展需求的重要形式,并从小规模班级、大规模班级和基于项目的开发等类型分别介绍了国外使用混合式学习进行的课程教学。2005年,韩国国立开放大学为了帮助新生更快更好适应学习环境,采用了混合式教学的辅导方式,优化了教学效果,对学生的生活和学习也起到了积极的影响。

(2) 企业培训

国外将混合式学习应用到企业培训的成功案例和经验值得我们学习和借鉴,世界知名企业如I8M、SONY、诺基亚等均采用混合式学习模式,为了降低培训成本,他们将网络课程资源和经验技术充分运用在混合式培训中,获得了预期效益,实现了培训目标。

第二节 混合式学习理论基础

混合式学习并不是以某种特定的理论为基础,而是多种理论的"相互融合"。研究表明,混合式学习的理论应该是多元的,并非一元的,还应包括建构主义理论、教育传播理论和活动理论等。

一、建构主义理论

瑞士心理学家皮亚杰（Piaget）最早提出了建构主义学习理论，"情境""协作"，"会话"，和"意义建构"是建构主义学习环境的四大要素。其认为学生对知识的消化吸收是在教师搭建的脚手架的基础上，在一定的情境中自主建构的，强调更多的是学习者对知识的探索与发现，教师的任务和角色也发生了变化，由传统课堂学习的知识灌输者转变为学生学习的促进者。建构主义提倡基于问题或目标的学习方式，教师此时作为学习者的帮助者提供必要的学习资源和环境。

这种方式强调的是"以学生为主体、以教师为主导"的"双主"模式，混合式学习模式的实践过程正好是学习者的有意义建构过程。

二、教育传播理论

教育传播理论也是混合式学习的重要理论。在混合式学习过程中，包括课堂知识的掌握、信息的传输、传播符号的应用、教学媒体的选择等，都需要传播理论发挥作用。因此其在知识的传播过程中起到重要的指引作用，在教学中对采用不同的媒体和信息传递方式的研究将有利于混合式学习顺利开展。

（1）麦克卢汉（Marshall McLuhan）："媒体是人体的延伸"理论

加拿大学者马歇尔·麦克卢汉在《媒介通论：人体的延伸》一书中提出了一个重要的观点："媒体是人体的延伸"。譬如：望远镜和摄像机是人眼的延伸；磁带和储存器是人脑的延伸；扩音器和广播是人耳的延伸等。

"媒体是人体的延伸"这一说法的提出给教育界带来了新的生机：改变了人们对媒体的传统认识，激发了人们对媒体互补性的探索。媒体对教育教学有着举足轻重的作用，人们不应该去寻找某种"万能"的媒体，应该根据客观条件和学习特征选择媒体的优化组合形式才能更好地发挥媒体效果，促进学习者学习，实现优化教学目的。

（2）施兰姆（W.Schramm）：媒体选择定律

1954年美国大众传播学家施拉姆提出了"媒体选择定律"，用来解释和分析影响人类选择媒体的行为，施兰姆认为"媒体选择概率（P）"是"媒体产生的功效（V）"与"需付出的代价（C）"的比值，即：$P=V/C$。

由公式中可以得出，当我们在选择或使用媒体时，应该降低分母，即减少媒体使用的代价，这样便可以提升媒体的功效，从而，以较小的投入获得较大的回报，这值得我们去反思和尝试。

通过对以上学者们的分析可以得出以上结论：在混合式学习中教学信息传递媒体的选择优化组合是影响教学效果的重要因素，在实际教学过程中，应根据客观条件来选择最优化媒体组合形式，提供教学资源，创造学习环境，促进学习者学习。

三、活动理论

活动理论并不是独立学科理论而是具有交叉性，用来研究在一定的条下人类的行为表现理论。在混合式教学过程中，教学活动设计是一个重要的环节，是体现教师教学水平的重要指标，因此需要活动理论的支撑。

活动理论的内容主要包括活动和活动系统、活动的层次结构以及活动的发展变化三个方面。在教学实践中，学习者作为活动的主体，以各种软硬件教学资源和媒介作为学习者的辅助工具存在，二者的相互融合构成了活动系统。在活动理论中，学习者的学习动机直接影响了学习者在活动过程中的行为表现，并且受到外界不断变化的环境的干扰和制约。活动并非是一成不变的，行为活动会因周围条件和环境的更换，处于不断发展变化的过程中。因此，在设计以学生为中心的教学设计方案时，应重点考虑以学生为中心，全方位关注学生的个体差异，不能只是简单依据教师的教学流程进行。活动理论的核心思想强调一切教学内容都可以通过设计教学活动来开展，混合式学习更应该结合实际社会需求，抓住学生身心特点，通过实践活动培养学生的适应能力和创新精神。

第三节 翻转课堂概述

本研究之所以引入翻转课堂的概念，是因为在混合式教学过程中根据部分课程性质和内容，采用最佳媒体组合形式的同时改变教学策略和教学过程，充分利用学习时间和学习资源，将课堂讲授与学习者网络门学相结合，以期实现最优化的教学目的。

一、基本含义

"翻转课堂"作为一种全新的教学形式已经成为国内外教育者关注的热点，国内外对翻转课堂理念都给予了高度评价。翻转课堂（flipped classroom）相对于传统课堂而言，在传统课堂上，老师在课堂上完成对知识的传授，学生课下通过练习、实践、反思完成知识消化吸收。然而，翻转课堂变换了整个教学过程，教师课下利用信息技术手段录制微视频、课件等资源上传至学习平台供学生自主学习，课上教师通过与学生深入沟通交流实现个别化辅导、小组协作学习等学习活动。

二、比较分析

随着教学过程的转变，课堂学习过程中的各个环节也随之发生了变化。以下将传统课堂、翻转课堂、混合课堂各个要素（教师、学生、教学形式、课堂内容、技术应用、评价方式）进行简要对比。

通过以上分析，混合课堂在多种教学要素上都涵盖了翻转课堂的基本内容，两者都是在信息技术的支撑下进行的教学措施，只是翻转课堂在教学过程、教学思想方面略有差异。因此，笔者认为翻转课堂也是混合式学习的一种特殊表现形式，在本研究当中，应当根据不同教学内容采用个别的教学形式。对于翻转课堂的运用有待深入研究和完善，本书只是浅尝辄止，抛砖引玉。

第四节 基于信息技术的高校英语教学相关理论基础

高等职业教育是我国现代职业教育体系的重要组成部分，而高校英语教学是高端技能型人才培养方案中非常重要的环节。信息化的发展为高职院校的英语教学带来了新的契机，探究基于信息技术的高校英语教学理论能为教学改革提供依据和启示。

一、建构主义学习观

建构主义学习理论是20世纪80年代末至90年代初以来兴起的一种新的学习观。其最早提出者可追溯至瑞士的心理学家皮亚杰（J.Piaget）。他认为，儿童对外部世界知识的认识是在与自身周围环境相互作用的过程中实现并得以发展的。这个过程关系到"同化"与"顺应"两个过程。同化是指把外部环境中的有关信息吸收进来并结合到儿童已有的认知结构中；顺应是指外部环境发生变化，而原有认知结构无法同化新环境提供的信息时引起儿童认知结构发生重组与改造的过程。认知个体（儿童）就是同化与顺应这两种形式来达到与周围环境的平衡。

在皮亚杰上述理论的基础上各种理论层出不穷，强调合作学习，交互作用教学的学习方法应运而生。当代建构主义者认为，由于个体差异与个人经验的不同，个人对事物的理解必然各不相同，如果通过合作，学习者进行合作和讨论，了解对方的立场和观点，可以形成相对全面的知识结构。因此，学生在合作学习的过程中更全面实现学习的广泛迁移，在水平较高的小组成员的影响下，进步会更为稳定和显著。这些研究充分说明了建构主义理论，并为课堂教学的实践提供了基础。

建构主义者认为，学习者建构知识，教师对学生的建构知识过程予以支持，而不是学习者被动接受知识，是在自己的经验基础上建构知识，形成自己的知识结构。它强调学习的积极性、建构性、社会性的特点。建构主义认为教学过程以"学"为中心，倡导的评价体系也不再为单一的结果评价，而是多元化的评价方式和评价标准。建构主义者认为，学习者主动构建内部心理结构，将自己的独特的经验与外部环境相互影响作用，形成自己的独特的理解。在构建新意义的同时，对自己原有的经验进行整合。当代建构主义者——美国加州大学的维特罗克，提出的人类学习的生成过程模式较好地说明了这种建构过程。维特罗克认为，学习的生成过程是学习者原有的认知与外界所给予的新的信息相互影响作用，使学习者主动对信息选择、注意，并建构的过程。当代建构主义者在对传统教学进行批判性吸收的基础上，提出了随机通达教学等许多富有创见性的教学模式。

其中的随机通达模式就是将学习分为初级和高级阶段，对高级阶段的同一个学习内容，多次在不同时间学习，每次学习有不同侧重点，学习情境有所改变。这种教学模式可以使学习者形成对概念的多角度理解，有利于学习者针对具体情境建构不同的认知结构模式。可以看出，这种思想与布鲁纳关于训练多样性的思想是一致的，是这种思想的进一步深化和发展。

二、建构主义的教学观

1. 以人为本——学生主体教学观

现代教育对人的全面发展更为重视。学生作为教育主体，不再是被动接受知识的容器，而是信息加工的主体，知识意义的主动建构者。教师不再是高不可攀的传道者。由于教学方式导致教师角色的转变，从而影响到师生关系的变化，学生比过去更受到尊重，教师帮助学习者实现学习的过程，掌握学习的方法，对学生对知识信息的获取过程中出现的问题予以帮助。教师在对学生的基本情况进行了解的基础上，针对他们的身心发展特征，为他们制定相应的培养方案。现代信息技术的发展，为课堂模式的改变注入了新的活力，学生可以从网络、手机等客户端获取丰富学习资源，学生不再只能从教室听教师授课，学习目的也从知识获取转向知识获取的能力的提升。

2. 凸显环境—情景的教学观

凸显环境，在于通过学生的个体知识和认知特点，为其打造一个促进其学习的环境，在这种氛围中，教师为学生搭建学习的"脚手架"，创造语言使用场景，使学生在欢乐的氛围中学习，掌握知识，从而进一步地理解消化并加以运用。

3. 勇于探究——问题本位教学观

教育对人的发展起的作用,甚至对社会的发展所起到的作用,取决于培养出主体性强的人。教育要培养学生的主体性,这也是高校英语教学的基础性、核心性工作。

高校英语教师可以使用案例教学法,引导学生发现、探究直至解决问题,通过这种方式来调动学生学习积极性,使学生感受到学习的乐趣,掌握学习内容。在这个过程中,学生学习的主动性、参与性、创造性也能得到提升,学习能力也得以进步。

4. 对话协商一合作学习教学观

传统教学,教师和学生之间的交流多是单向,即使是双向也是有限的,学生表达自己看法以及解决问题的过程的机会比较少,而学习同伴也不多。现代化信息技术手段为合作学习提供了可能。合作教学引入互动机制与合作平台,通常以小组进行活动,共同协商、探讨实现教学目标。信息技术将合作的群体突破了小组的界限,实现多线程的交叉学习,使学习可以跨越时空。

5. 综合评定——多维发展评价观

教学评价作为教学活动重要组成部分,需要客观、公正、如实地反映教学过程和教学绩效。建构主义教学观对教学评价的界定为促进学生发展,从单一教师评价转为师生多元评价、生生相互评价,评价方式转变为形成性评价,其对学生的评价不再着眼于"过去"而是转向"将来",其促进学生主动发展的"档案袋"式的综合评价观,是一个开放式、多维度的评价体系。

三、建构主义学习理论对高校英语教学改革的启示

建构主义对"学"的强调,突出了学生自主学习的重要性。教师的角色也从纯粹的授业者转向组织者、指导者和帮助者。近年来,随着现代教育技术的发展,对多媒体、互联网、平板、智能手机的研究和应用,为教学从"教"到"学"的转变打下了坚实的基础。

知识不仅是个体在与物理环境的交互中建构起来的,社会性的交互(协作)更加重要。由于人的高级心理机能的发展如社会性相互作用内化的结果,每个学生个体都有自己的知识经验,因此可以通过相互沟通和交流,合作完成任务,共同解决问题。高校英语教学需要以应用为目标,利用多媒体、网络、手机、平板电脑为载体,使学生、教师、教学资源、教学内容相结合成为广泛的学习共同体,为有意义的知识构建提供情境支持。在这种环境下,学生通过协作学习,实现学习目标,而在这个过程中,学生也成为意义的主动构建者。

建构主义突出"学"的重要性,强调学生自主学习,而教师在这个过程中并不再只起到传统的教的作用,而是成为组织者、指导者和帮助者。

多媒体技术和互联网应用的各种特征，特别适合实现理想的建构主义学习环境，二者若完美结合，定能有效促进学生的认知发展和提高学生解决实际问题的能力。利用网络跨平台资源共享、个性化学习、交互和远程教育的方式，基于建构主义教学观理论，可以实现在手机端、电脑终端上的移动的语音室，实现通过网络外语教学。创设有利于外语习得的真实性的"情境"，从而激发学生的兴趣和积极性，促进学生的发展，完成知识构建的目标。建构主义教学与多媒体网络技术的结合需要考虑学生个体差异，通过对学生以及对学习内容进行分层及控制，使学习者可以进行个性化的学习。新旧知识进行相互作用，使认知得到进一步的发展。维果斯基认为建构主义的学习应该是一种社会性、交互性的协作学习。知识的传播具有双向性和互动性，学生有自己的知识经验，在与同伴进行交流合作、完成任务的过程中解决问题。高职的英语教学以应用为目标，要求学生与教师、同伴、教学资源和教学内容相互影响，形成广泛的学习共同体，实现学习目标和意义建构。情感过滤，假设强调情感因素在英语学习中的作用，认为轻松自然的学习环境能让学生表现更积极、自信、轻松，从而降低学习者的焦虑，构建其信心。一方面，需要创设有利于学习者轻松的学习氛围；另一方面，需要让学生积极主动地参与到课堂，对教学内容进行讨论、问答，这就会对低水平的学生造成学习与心理焦虑的矛盾。基于信息技术的多媒体、网络、手机、平板的网络教学环境可以实现在轻松快乐的学习氛围中有效降低学习者的情感焦虑，从而促进学习的发生。

第十二章 混合式高校英语课程教学模式的研究

第一节 混合式教改模式的构建

多媒体网络技术在教育领域广泛应用的大环境"教师主导+学生主体"的教学模式在许多院校盛行。在如今智能手机、平板电脑、网络时代印记的新技术的时代下，教学模式不仅要求灵活运用以教为主的教学策略和以学为主的学习方式，同时需要整合各种教学资源，要求教师进行相应角色转变。笔者依据建构主义、情感过滤假设理论为基础，结合该校高职外语教学实际出发，从语言知识、语言技能、情感态度、文化意识、学习策略五个维度综合考虑构建了适用于高等职业院校的移动平台翻转课堂授课、线上交互式数字课程学习、线下模拟场景实践、过程性与终结性评价结合的四位一体混合式教学模式。

第二节 交互式网络教学平台的应用

网络以及3G、4G的手机时代所代表的现代网络通信技术及工具的不断发展，各种英语学习APP诞生，从QQ到微信，以及各种英语学习平台的出现，这些都为高职院校对英语进行移动式教学提供了强有力的基础和保障。当前90后的高职院校的学生是各类智能手机的主要群体之一，他们更愿意接受新的事物，手机及网络给他们带来的娱乐体验自不用说，而基于智能手机，平板电话的英语学习体验对他们来说却还比较生疏。

围绕课程教学的实施，教师的主要功能包括进度成绩、班级管理、教学计划、作业管理、考试管理、资源管理等。管理员的主要功能包括开课分班、教学管理、教学评价、权限管理等。教师和学生还可以通过讨论区和消息工具进行在线交流。

该平台不仅有教学管理和相关英语课程的辅助教学，而且在选材方面不仅可以满足学生在校内或者校外的电脑端的学习，还提供各类数字化英语教材，为学生提供各种真实的海外生活，工作场景以及角色扮演场景，使学生的英语可以在各种仿真的实际场合运用，与以往纸质教材相比，具有完全不同的学习体验，对教师来说也是全新的教学体验。高职学生对手机依赖性较强，走到哪里都不会忘记带手机，个人的习惯很难改变，既然他们时刻离不开手机这种工具，那如何利用他们的这个特点，使他们用手机来进行学习呢？"文华在线"这个学习平台在电脑端和手机端均可以进行学习，该平台还有许多实用功能，如查看学生进度与成绩，查看学生的学习记录以及相关成绩，布置和批阅口语作业，记录考勤以及查看班级动态，离线学习，英语作业上传，题库进行训练。学生可以利用碎片化时间去吸收碎片化的知识，这更符合当下年轻人的生活方式和学习特点。

U-MOOC不仅适合教师发布和展示所设计的微课与慕课资源，还能够为以微课或慕课为实施方案的混合式学习提供诸多方面的师生支持，基本能够满足当前的高校英语教学的实验需要。首先，教师需要利用微课设计软件以及U-MOOC使用方法，来为自己的课程创建一个在线课程，然后根据交互英语教学大纲来创建不同的教学章节和页面，并将各种自主创设的教学内容上传至资源库中，最后在各章节的页面中编辑好自主学习内容。此外，教师还需要设置课程的学习计划，包括自主学习和面授课堂的计划，在课程论坛中发布供学生课后在线讨论的问题，设计用来检查学生知识掌握情况的在线考试，为全班学生创建分组和布置小组任务。然后，教师就可以通过U-MMOC平台的消息功能向学生发布课程预习通知，让他们在课前浏览自主学习内容，以便对下一堂课的内容有所准备，但学生可查看的时间不要过早，以防止学生因了解下一节课的教学内容而出现缺课现象。完成以上准备工作后，即完成了混合式学习的第一个阶段。在上课之前通过U-MOOC与学生在线进行沟通与交流，使学生对随后的教学内容能够提前有所了解和准备。正所谓"预则立，不预则废"，学生课前是否预习，对于课堂教学效果大有影响。但在传统的教学模式下，教师虽然可以要求学生预习，但很难对学生行为进行干预。相反在混合教学模式下，不仅可以通过平台的学习记录进行检查和跟踪，还可以通过多种网络工具来提醒和督促。课堂面授按照平台的记录的信息向学生反馈，并按照自己的教学习惯设计组织和实施课堂教学。U-MOOC平台可以为各个班级的学生创建分组，方便学生完成协作学习，这种在线式的小组学习方式，对于培养学生的协作能力很有帮助，同时也可以提高教师的教学管理效率，利用不同小组的组长来负责本组的活动。交互式微课也可以成为学生课后门学的重要工具，为学生提供一种互动性强的在线学习方式。在要求学生们课后在线讨论、考试和小组学习之后，教师也需要做些相应的教学管理工作，如利用U-MOOC平台中的进度成绩来对学生的务种在线学习活动进行监控，监控包括学习进度、学习分析、成绩汇总。此外，教师也需要经常登录平台，回答学生们在论坛中提出的各种问题和批阅学生或小组提交的作业并给出相应的作业成绩及修改意见，系统将会自动反馈给每一位学生，至此构建的移动平台翻转课堂授课、线上交互式数字课程学习、线下模拟场景实践、过程性与终结性评价结合的四位一体混合式教学模式就基本形成了。

同时，就《朗文互动英语》这一系列的纯数字化教材内容而言，这是一套以视听说为特点的互动式数字化教材，正好满足我们给学生制定的英语教学目标。从选取的这个模块，可以看出朗文交互英语极大地体现了"使用"的特点，看似并没有太难的知识点，却与日常生活或者是行业密切相关，高职学生基础较弱，部分学生来自于高中，还有一部分学生来自大学，可以以再试系统的另一个角色进行同样操练。此时，这种练习并不是机械的人机对话，而是有情境的人机对话。在进行这部分操练时，每个人单独和系统里的人物进行交流，只有自己能够听到，练习完之后还可以重放自己的录音，就像是有演员与自己为一个英国情景剧进行了配音。

在给定时间进行了相关练习后，再进行两人一组的小组活动，因为经过前面的反复练习与操练，不论是基础弱还是强的同学都已经有信心进行相关的练习。而这种不在大庭广众下进行的练习不仅有助于保护同学的自尊，而且有利于树立他们的自信心。情感过滤假说认为：焦虑感强，情感屏障大，输入少；反之，输入多。这种人机互动模式有效地降低了学生的焦虑感，使学生真正走出"哑巴英语"的困境。学生学习风格不同，因为害怕出错，性格偏内向的学生更不愿意在人前表达自己，他们的焦虑感更强，因此机房的自主学习以及校园外的手机端及电脑端的英语学习可以有效降低他们的焦虑，促进学习进步。

在普通课堂教学模式下，教师根据课程内容，对学生在线下的自主学习过程中出现的问题做出反馈和评价，组织学生在课上进行小组活动学习，利用"信息差"完成从机械练习到仿真实情境的实际交流，并重点对发音部分予以操练及纠正，也可以在课上播放教师提前录制的视频，强化重点，根据学生课堂状态进行实时调整，由于学生需要自主学习，并且想要了解学习效果，教师可以对学生的学习策略进行有效的指导，并在课程结束时对一个单元的课程内容以及问题进行总结。

第三节　高校英语教学学情分析

教学流程的设计与实施包含了许多基本环节，需要考虑多种因素的协同作用与影响，如同一台可以成功运行的机器，每部分的结构都是必不可少的，每一个零件的性能都会影响最终的运行结果。在教学设计与实施的流程中，学习者、教学者、教学目标、教学内容、教学媒体等因素贯穿于整个教学过程中，它们共同组成了教学模式的基本结构，同时又协同保证了教学的正常进行。所以，对这些基本因素的探讨与分析对教学的设计与实施有着举足轻重的作用，唯有对这些基本因素进行全面而具体的认知，才能在此基础上进行正确的判断与设计，并根据可能发生的情况对整个教学的流程进行及时调节和修正。

基于此，本章是对学习者、教学目标、教学内容这些作用于高校英语教学中的重要因素的探讨，具体为学习者分析、教学目标分析、教学内容分析等，以求在教学设计与教学实施的过程中，能够时刻对所处情景保持清晰明确的认知。

一、学习者分析

学习者是教学设计的主体，是整个教学过程的中心，也是各项教学活动与教学安排的出发点和落脚点。学习者的特点影响并引导教学方案的制定，所以对学习者的分析应该在教学之前。高校英语教学针对的学习者主体是90后大学生，其由于受社会、传媒和家庭等因素影响，在行为、情感、思维、心理认知等方面特点突出，具有鲜明的时代烙印。高速发展的社会经济与科学技术向他们提供了海量的信息以及获得信息的手段，培养了他们活跃的思维、开放的个性、广阔的视野，他们在很多事物上较早地形成了自己的观点和价值取向，甚至形成了自己的文化习惯。在这里，我们将对90后大学生的学习者特征进行具体的分析与阐述。

（一）学习者认知发展情况分析

认知发展是指个体获得知识与技能的方式以及解决相关问题的能力随着时间的推移而发生阶段性变化的过程，其中最重要的因素就是时间与机制。可以说，认知发展在一定程度上代表着学习者对外界的理解方法，代表着他们的思维模式和学习能力。

认知发展阶段理论，是瑞士心理学家皮亚杰的主要贡献之一，在国际上享有广泛的影响，对教学研究具有重大指导意义。皮亚杰经过多年的观察研究，将个体的认知发展划分为四个阶段：感知运动阶段、前运算阶段、具体运算阶段以及形式运算阶段。

这些能力的具备为更加情境化的教学活动设计提供了可能：学习者能够清楚地认知自己在学习情境中所处的位置和应该承担的责任；脱离了具体经验的束缚，他们能够更加独立自如地适应不断发生改变的学习进程，并在问题的解决过程中不断寻找方法、调节自我，探究方向。因此，更多的合作性学习、研究性学习得以适用，他们认知发展的成熟为独立学习、自我探究提供了思维保障。

（二）学习者起点水平分析

任何阶段的学习都不是一个独立的过程，它必然会受到学习者已经具有的认知、能力、技能的影响和渗透，这些因素反映了学习者已经具备的行为能力，是教学活动安排与设计的基本依据之一,我国的教育学理论中也将其称之为"量力性原则"或"可接受性原则"。

分析学习者在新的教学开始之前的起点水平,其主要目的是在新的教学活动来临之前,明确学习者是否有接受并学习新知识的准备和能力。这一点在先行组织者理论中也有所阐述,即学习者在学习新知识前最好有知识的"固着点",以使学习过程能够更加顺利。

90后的大学生经过初高中英语学习,已经具备了一定的英语基础,词汇量应达到3500—4500词,各种英语时态与基本英语语法已经掌握,听说读写都得到了一定的训练,可以通过预习了解课文的大概内容,能够独立对其中问题进行查询和探索。这些基本技能的掌握为教学活动的设计提供了参考。对于90后的大学生,基础的英语知识已经不再是教学的重点,各种能力的强化、技巧的获得以及文化知识的丰富开始成为主要的学习方向,此时追求的不再是怎么说英语,而是怎么对英语语言文化的使用和了解更加深入。同时,学习者基本能力的掌握为其课前的自我预习、课下的独立研究、任务的探索完成以及合作学习的实现提供了先决条件,基本能力的胜任使学习者始终处于学习的主体地位,而在教学方法的选择、教学任务的发布、教学活动的组织方面为教师留下了更大地选择空间,学生基础知识的掌握为教学的安排与设计提供了能力保障。

(三)学习者的性格特征分析

信息技术的高速发展带来的是现代社会的日新月异,90后的大学生由于受社会、传媒和家庭等因素的影响,在行为、情感、思维、认知等方面特点突出、具有鲜明的时代烙印。这些性格特征同样也反映在他们的学习表现和学习倾向上,而这些表现与倾向对教师制定教学方案、设计教学流程、选择教学方法有着极为更要的影响。唯有充分考虑学习者的性格特征,才能有效激励学习者的学习兴趣,并在不引起他们反感的情况下,完成教学目标,使之最大限度地配合教学任务。

1. 个性突出、自主意识强

作为成长和生活在信息社会的90后大学生,突出的个性和对自由的追求是他们鲜明的标签,他们反感被支配与命令,在更多情况下习惯于以自我为主体来做出决定,反映在学习中即是对于自主学习和自由选择的渴求。他们希望能够在最大限度内根据自己的需要、兴趣和习惯来进行学习的选择,希望在学习的过程中能够占据更多的主动权。在这样的需求下,教学势必要突破时间与空间的限制而发生,教学资源的选择、学习任务的设定、教学活动的设计都是对教师的巨大挑战。

2. 表现欲强,渴望被肯定

90后的大学生具有更加鲜明与积极的个性,同时也更希望在同龄人中能够脱颖而出获得众人的肯定。传统课堂教学方式的弊端之一就是无法使学生获得更为丰富多样的表现方式，使学生在学习的同时能够收获学习的满足与快乐。基于此，教师在进行教学设计与安排时，需要适当有序地将教学活动穿插其中，对教学活动的细节和评价方式进行细致的制定与设计，使学生在享受公平待遇的同时获得自我满足的快乐，并以此作为学习的动力。

3. 好奇心强，易接受新鲜事物

在充斥着海量信息的现代化社会中，90后的一代每天都在主动或被动地接受大量信息，他们具有比我们想象中更强的好奇心和适应能力。他们喜欢更加简易方便的学习方式，能够较快地适应不同的学习情境和任务需求，并且有能力在不同的任务情境中，进行学习所需要的查询和探索，这一切都为新的教学理念、教学方法的实施提供了条件，教师可以围绕此来进行教学活动。研究性学习、合作性学习的设计与实现带来了更为丰富多样的学习组织形式，这既能避免一成不变的教学形式所带来的沉闷，保持学习者的学习兴趣，同时也是对评价方式的补充与完善。

二、教学目标分析

教学目标也称学习目标，是对学习者通过教学后应该表现出来的可见行为的具体的、明确的表述。教学的初衷和目的就是使学习者能够朝着目标所规定的方向发生变化。

教学目标规定了教学活动的行进方向，是整个教学流程的指引，在教学过程中以此为指标对各环节进行随时的控制与调节；同时，教学目标的完成情况也是对教学活动设计与实践的检验，通过将最终的教学效果与所设定的教学目标进行对比，可以发现相关问题并进行及时更正与修订。

根据中国教育部高等教育司所发布的《高校英语课程教学要求》中的阐述，高校英语教学及其课程的定位应是"高校英语教学是高等教育的一个有机组成部分，高校英语课程是大学生的一门必修的基础课程"，要求高校英语教学能够在相关教学理论的指导下，将英语语言中的基本语法知识、相关技能及语言文化进行有机整合，以培养学生的综合应用能力，并在实际的教学过程中，注重学生的自主学习能力、独立探索能力以及文化素质的培养，使之能够真正适应我国社会发展和国际交流的需要。

三、教学内容分析

教学内容是教学过程中向学习者流向传递的主体，它不仅是教学目标确立的基础，同时更决定了教学流程的形式和方向。教学过程中充满了大大小小的教学活动，而教学活动设计与安排的依据便是教学内容，它以一种聚合的形式将教学的各个环节进行有效而合理的组合，使它们彼此互为个体，却又被共同的中心内容所统一，从而使教学的各处细节不会纷杂混乱、缺失重点。当移动工具介入教学成为教学活动的主要媒介与辅助工具时，为了实现移动学习自由学习的初衷，设计并提供合适的资源内容就显得尤为重要。

课程教材是高校英语教学的基础资源，而单元是高校英语课程教材的基本组织单位，学习内容以主题单元的形式进行组织和聚合。作为具有章节性和连贯性的教学材料，高校英语课程教材各个单元具有相似的组织结构，却又在不同的具体章节中进行调整和修订，从而使得教学整体统一明确，却又层次丰富，富有变化。

1. 单元课文

在每一个教学单元下，都会有中心内容和思想大意与单元主题完全相对应的课文文章，这是主题内容呈现的开始，也是课堂讲解的重点之一，主要包括课文释意、课文的相关练习以及课文的具体讲解。在课文的具体讲解中，课文释意得到一步步的具体和深化，同时，对于课文中所呈现的语法知识与技能也会在此时得到讲解与强调，这一切主要依靠教师在课堂上实现。

2. 课文衍生语法

当教学内容全部以主题的方式进行聚合时，各种教学资源得到了有效的分门别类的安放。英语语法知识体系庞大、错综复杂，归类和组织都相当困难，而主题单元的教学形式将教学时段和内容进行了阶段性划分，彼此联系却又互相独立的英语语法知识在这样的设计情境下得到了更为妥善而富有结构性的安放，这些衍生的语法知识或是单元主题或课文内容的丰富与扩展，或是上下单元的起承转合，但不论是何种形式，其内在的联系和目标却保持了连贯。

3. 相关文化知识

英语学习的目标是具有阶段性的，如果说初高中英语教学的重点是基础知识的认知与掌握，那么高校英语教学目标就不仅仅是对这些知识技能的进一步深化与完善，同时更要求学生能够更加深入地了解这种语言文化，了解它的政治历史背景、文化习惯根基。可以说，在这个阶段，不仅是要把英语"学好"，更是要把英语"学地道"，从这个意义上说，学习文化知识是手段，培养文化意识是终极目标。增强学生自主学习能力，提高综合文化素养，高校英语主题单元的教学内容对其进行了更为细致的阐述与实践。

与英语语法知识相同，一种语言文化的政治历史背景、文化习惯根基同样是体系庞大、错综复杂的，所以主题单元的形式能够更加有效有规划地将语言背后的文化背景进行阐述与展示，这不仅让学生的认知可以突破纯粹字面与语法的限制而更加全面深刻，更是对教学内容的极大补充和丰富；同时，相关文化背景知识也是教师设计教学活动、构造教学情境的重点，围绕着相关文化主题构造与之对应的教学情境，让学生在更为真实的文化情境中参与教学活动，训练相关技能。

4. 英语专项技能

学习一种语言文化的出发点的最终目的，就是能够在日常学习与工作中对其进行熟练的认知与运用，对于英语语言的学习亦是如此。大量单词的积累、听说的练习以及相关语法知识的熟记，都是为了能够更加顺利高效地运用英语为自身服务。所以，不论是日常生活、学习工作或是考试答题，掌握一定的英语技能都是至关重要的，它能以一种更加快捷高效的方式使我们达到既定目标，并引导着我们在更加富于技巧的学习中逐步形成自主的学习习惯，摸索最适合自我学习的学习路径。

英语语言的构成以词、句、段、篇、章的形式进行组织与呈现，也通过这样的方法在数量与长度上递增与扩充，而英语学习技能则是学习者在长期学习过程中逐渐总结与发现的经验性规律，它包容广大并因人而异，存在于英语学习的方方面面。英语语言的学习与其他语言文化的学习相同，在听、说、读、写、译多个维度进行开展与完善，英语学习技能的作用便是在听、说、读、写、译的维度去促进学习者更加有效实用的掌握和理解词、句、段、篇、章的形式内容。

5. 英语基础练习

练习，是掌握任何一项技能都必须经历的过程，而在英语的学习中，大量的连续性的练习更应是保持与提高英语语言水平的关键。在高校英语教学的课堂上，练习也是教师最常使用的教学活动与评价活动之一，练习不仅能够维持学生的学习状态，同样也是检测学生水平或是教学效果的有效手段。所以，在高校英语的课程内容中，练习是无处不在的，它与学习者英语学习的维度相对应，同样从听、说、读、写四个方面进行组织与排列，它们或是紧紧围绕着单元课文所展开，或是以不同的要求与形式穿插于主题单元中。在真实的课堂教学中，教师往往会根据实际的教学情况，在不同的教学时期，围绕着不同的教学目的，对不同维度多种形式的教学练习进行选择性的安排，并选择最为合适、合时的开展方式。

参考文献

[1] 杨娜，何赟，苏冲.应用语言学视域下的当代英语教学新探 [M].北京：中国水利水电出版社，2019.

[2] 王婧.应用语言学视域下的英语教学新探 [M].北京：中国书籍出版社，2018.

[3] 朱晓丹，李海燕，聂文杰.应用语言学视域下的英语写作研究 [M].长春：吉林大学出版社，2014.

[4] 伍方斐，何明星.比较与融通 多维视域下的诗学与语言学研究 [M].广州：暨南大学出版社，2018.

[5] 张永昱.认知语言学视域下的汉语研究和习得 [M].上海：复旦大学出版社，2016.

[6] 黄金德.认知语言学视域下的英汉翻译策略研究 [M].沈阳：东北大学出版社，2019.

[7] 王磊.互联网+背景下高校英语有效教学研究 [M].长春：吉林人民出版社，2019.

[8] 张娇媛.高校英语混合式教学与信息技术应用 [M].天津：天津科学技术出版社，2019.

[9] 邓金娥."互联网+"背景下商务英语教学研究 [M].长春：吉林文史出版社，2019.

[10] 宫玉娟.大学英语教学模式改革创新研究 [M].吉林出版集团股份有限公司，2018.

[11] 孙强.高校英语教师语法认知和实践研究 [M].北京：知识产权出版社，2019.

[12] 章振邦，张月祥.新编英语语法教程 学生用书 第6版 [M].上海：上海外语教育出版社，2018.

[13] 王光林.商务英语教学与研究 第5辑 商务沟通研究专辑 [M].上海：上海外语教育出版社，2016.

[13] 印蕾.中国非英语专业研究生英语教育改革与实践研究 [M].南昌：江西高校出版社，2019.

[14] 赵世忠，吴楠，赵挺. 基于慕课资源下的科技英语翻译研究 [M]. 北京：现代出版社，2019.

[15] 庄智象. 全国高校"新理念"大学英语网络教学试点方案 [M]. 上海：上海外语教育出版社，2004.